Célibataires en couple

Direction de la publication : Isabelle Jeuge-Maynart et Ghislaine Stora
Direction éditoriale : Élodie Bourdon
Édition : Mélissa Lagrange
Conception de la couverture : Marion Alfano
Conception de la maquette intérieure et mise en pages : Nord Compo
Préparation de copie : Muriel Villebrun
Relecture : Thomas Gabiache
Fabrication : Émilie Mortier

ISBN : 978-2-03-598941-3

Nathalie Lefèvre

Célibataires en couple

L'art de s'attacher sans se ligoter

LAROUSSE

À l'Amour dans ma vie.

SOMMAIRE

AVANT-PROPOS

Chers lecteurs,

L'amour a toujours été une passion, et ne vous méprenez pas si un jour, assise en face de vous pour dîner, je vous questionne sur vos amours, vos histoires, vos déceptions et vos espoirs.

Depuis enfant, je me sens comme une anthropologue de l'amour. Je glane et récolte des informations, partout où je peux en trouver. J'élabore des synthèses, imagine des théories et tente des expériences.

Je ne me sens pas experte, loin de là, plutôt chercheuse.

Le sujet du couple et des relations amoureuses a toujours été le fil rouge de ma vie. J'ai besoin d'aimer pour entreprendre, pour me sentir vivante.

Ce comportement était déjà présent à l'école, où j'étais capable d'exceller dans les matières que j'aimais et être très médiocre dans toutes celles qui m'ennuyaient. En définitive, l'amour me guide et je me refuse à persévérer dans ce qui n'a pas le potentiel à en susciter.

C'est en ce sens que j'ai entrepris d'apprendre à m'aimer, vous le savez si vous avez lu mon premier ouvrage[1]. J'avais besoin de poser les bases, et toutes

1. *C'est décidé, je m'épouse !*, Larousse, 2018.

mes recherches personnelles, intimes et spirituelles m'ont menée sur ce terrain du « connais-toi toi-même » auquel j'ai ajouté « et apprends à devenir ton allié ».

Il n'est pas simple d'aimer, mais cela l'est encore moins lorsqu'on ne chemine pas parallèlement pour aimer ce que l'on est, et aimer la vie que l'on mène. Même si c'est imparfait, parfois bancal, et souvent désordonné.

Ce deuxième livre se fonde sur mes propres péripéties amoureuses, mais également sur celles de tous ceux qui ont accepté de me livrer les leurs. Et ils ont été nombreux.

Cet ouvrage est une invitation à écrire vos histoires d'amour, en inventant vos propres règles du jeu au lieu de les bâtir sur vos insécurités, ou sur ce que la société, la religion ou vos parents ont bien voulu vous faire croire (et que vous avez, inconsciemment, accepté de croire).

Nous sommes libres de choisir nos schémas d'existence et je suis d'avance comblée que ce livre puisse vous guider pour vous libérer du carcan qu'on pose sur l'amour, et qui l'étouffe au lieu de le déployer.

Je crois être à peu près sûre en cet instant qu'aimer rend libre, et ne contraint pas.

Nous avons une vision déformée de l'union amoureuse que nous envisageons encore comme la réunion de deux parties échouées, qui se rencontreraient enfin, pour former un tout.

Nous imaginons encore que le couple, le mariage ou le concubinage, vient marquer notre territoire, et créer un lien d'appartenance entre les protagonistes : « Je t'aime donc tu m'appartiens. »

Nous opposons « engagement » et « liberté », « se ranger » et « profiter » en oubliant une donnée essentielle : nous avons justement besoin de toutes ces composantes pour créer l'amour et un attachement sain, car non dépendant.

Célibataires en couple n'est pas une ode à l'autosuffisance, au contraire, c'est un chemin à emprunter pour tenter de faire co-exister deux individualités, sans qu'aucune ne se sente lésée.

Ce livre sera une invitation à aimer, et à trouver les bons ajustements pour y arriver.

1. L'AMOUR À LA PLAGE

Ou pourquoi il est important de cultiver son monde intérieur

« Que le vent qui gémit, le roseau qui soupire,
Que les parfums légers de ton air embaumé,
Que tout ce qu'on entend, l'on voit et l'on respire,
Tout dise : "Ils ont aimé !" »

Alphonse de Lamartine

Je vous écris mes premiers mots en pleine canicule. Tout est brûlant ! Autour de moi, tout s'enflamme, se consume et s'envole, dans une légèreté que seul l'été connaît.

J'ai toujours côtoyé l'amour en cette saison. Quand j'étais gamine, mes parents m'emmenaient en vacances chacun de leur côté. Avec mon frère, nous profitions ainsi de différentes destinations estivales et d'une multiplication possible d'idylles amoureuses.

À 10 ans, mon petit cœur d'enfant pouvait déjà s'embraser à la vue des garçons. Je me souviens d'un été près de la côte nantaise, d'un garçon brun, assis sur un rocher. J'avais peut-être une douzaine d'années. Je l'ai trouvé tellement beau, les cheveux dans le vent et le teint hâlé. Je ne sais pas si vous avez lu *Le Blé en herbe* de Colette mais il y avait un petit côté Vinca et Philippe dans les deux personnages que nous incarnions alors.

D'aussi loin que je me souvienne, l'amour m'a passionnée comme s'il était le sujet d'une vie. Pendant toute mon enfance, j'ai confié à mes journaux intimes mes passions enfantines, et mes déboires sentimentaux. Même à un âge où il nous semble que nous ne connaissons rien à l'amour, j'aimais déjà l'amour.

Si je vous confie cela, c'est que je m'apprête à faire de l'été une métaphore des débuts d'un couple. Tout est léger, simple, rafraîchissant. On ne place de priorités que sur les besoins premiers. On s'accommode de peu de vêtements. L'atmosphère nous échauffe, tout devient brûlant très rapidement.

Mais la question qui se pose et que tant de théoriciens et d'expérimentateurs de l'amour se posent également est : peut-on faire d'une relation amoureuse un éternel été ?

Apprendre à aimer

Ce livre s'est nourri de différentes histoires d'amour qui m'ont été racontées, et leurs protagonistes seront présents en filigrane au fil des pages. Comment font-ils pour que la flamme perdure et que les braises restent toujours intactes, même après plusieurs décennies passées ensemble ?

Je crois – et ce n'est peut-être qu'une croyance – que l'amour n'est pas un invincible été. C'est un hiver rude parfois, un automne nostalgique et un printemps flamboyant.

L'amour se construit et mérite un apprentissage personnel et commun.

Je ne crois pas en la constance mais plutôt en l'évolution. Je pense que l'amour se construit et mérite un apprentissage personnel et commun.

En fait, nous ne savons pas aimer de manière innée, et c'est un apprentissage que nous devons suivre pour éviter de fuir l'amour dès que l'été décline et que les difficultés pointent le bout de leur nez. Ce qui sera inévitable car la vie n'est pas un circuit tout tracé et linéaire.

« L'ordre naît du chaos[1] » : vous connaissez cette phrase ? Eh bien dans la relation amoureuse, il y a des chaos inévitables, des dommages collatéraux, des impacts inoubliables.

Comme beaucoup de domaines dans la vie, l'amour s'apprend, mais surtout, il s'invente. Il est primordial pour moi d'introduire, dès les premières pages de cet ouvrage, l'importance de l'imagination et les bienfaits qu'elle produit lorsqu'elle est féconde.

Il est impensable aujourd'hui de suivre simplement et avec application les règles amoureuses qui nous ont été transmises depuis des générations. Nous devons nous rebeller contre ce système amoureux qui prône des modèles qui ne nous conviennent pas profondément, car ils ne sont pas/plus adaptés à nos mœurs et nos envies actuelles.

En devenant responsables et conscients du chemin profond à entreprendre dans l'amour et le couple, nous arrêterons de baser nos rencontres amoureuses sur la quête du bon pansement pour nos blessures.

On recense à peu près un tiers de célibataires en France. Nous sommes généralement entourés de couples pour lesquels la relation amoureuse est un terrain miné : des chiffres alarmants de violences conjugales et d'histoires de perversions relationnelles en témoignent.

Enfin, je ne sais pas si vous êtes du même avis que moi, mais je trouve qu'à une époque où l'on brandit

---

1. En latin, *ordo ab chao*. Cette formule est aussi la devise et l'emblème de la franc-maçonnerie hermétique, dont l'origine remonte à l'Égypte ancienne.

l'étendard de l'Amour comme la solution ultime, on a quand même quelques progrès à faire…

Apprendre à s'aimer

En écrivant ce livre, j'ai voulu établir la liste des couples que je trouvais vraiment inspirants autour de moi. Évidemment, c'est très subjectif, mais ce que j'aime trouver dans l'amour, c'est l'intelligence. Celle de réinventer son propre canevas pour en faire une broderie unique.

Je suis inspirée par l'intelligence relationnelle, celle qui tend justement à voir l'amour comme un terrain de jeu dont les règles peuvent changer à chaque instant, en fonction des évolutions respectives des partenaires.

Je crois en l'intelligence de laisser à l'autre le droit fondamental d'être qui il est vraiment, à chaque instant. Dès lors, laissons-le prendre son envol à des moments clefs de sa vie.

Si l'on veut vivre heureux en amour, nous devons apprendre l'importance de la souveraineté intérieure.

Il faut évidemment se dire avec sincérité à l'autre pour tenter d'être compris, et je crois au courage d'être simplement soi dans le lien. Ça peut sembler évident, mais je crois que c'est une des clefs d'une union amoureuse qui fonctionne.

Ma thèse est la suivante : si l'on veut vivre heureux en amour, nous devons apprendre l'importance de la souveraineté intérieure.

Tu vis dans un royaume dont tu dois chaque jour veiller à entretenir les richesses. Ton monde intérieur n'est pas une option. Tes rêves ne sont pas des bonus : c'est ta vie à toi. Il en va de ta responsabilité que cette vie intérieure soit riche.

Comment imaginer donner envie à l'autre de rentrer dans un espace qui n'est pas entretenu, sombre et poussiéreux, plein de vieilleries dont on ne sait depuis combien de temps elles gisent ici ?

Dans la rencontre amoureuse, on cherche souvent davantage un déménageur de souffrances, qu'un colocataire épanoui... L'amour est supposé être une braise que l'on veille à garder intacte, et pourtant, on a tendance à observer chez les couples d'aujourd'hui un besoin de s'appartenir, de se contrôler et de se maintenir dans un feu permanent. C'est comme si on confondait la passion avec l'amour. Dans nos attentes amoureuses inconscientes, on rêve encore de modèles passionnels : si l'on est en feu, que l'on se déchire, que l'on crie et hurle aux innombrables incompréhensions, ce serait le signe que l'on s'aime. Si l'on est dévoré, cela traduirait forcément de l'amour. Et l'on confond le feu qui réchauffe et apaise avec celui qui consume.

Je veux vous raconter dans ce livre l'amour heureux comme je l'imagine se dérouler la majorité du temps : apaisé et équilibré, comme un début d'été à l'ombre des cyprès.

« J'AVAIS DÉJÀ PRÈS DE NEUF ANS
LORSQUE JE TOMBAI AMOUREUX
POUR LA PREMIÈRE FOIS. JE FUS TOUT ENTIER ASPIRÉ
PAR UNE PASSION VIOLENTE, TOTALE,
QUI M'EMPOISONNA COMPLÈTEMENT L'EXISTENCE
ET FAILLIT MÊME ME COÛTER LA VIE.
ELLE AVAIT HUIT ANS ET ELLE S'APPELAIT VALENTINE.
JE POURRAIS LA DÉCRIRE LONGUEMENT ET À PERTE
DE SOUFFLE, ET SI J'AVAIS UNE VOIX, JE NE CESSERAIS
DE CHANTER SA BEAUTÉ ET SA DOUCEUR.
(...)
JE NE PUIS DÉCRIRE L'ÉMOI QUI S'EMPARA DE MOI :
TOUT CE QUE. JE SAIS,
C'EST QUE MES JAMBES DEVINRENT MOLLES
ET QUE MON COEUR SE MIT À SAUTER
AVEC UNE TELLE VIOLENCE QUE MA VUE SE TROUBLA. »

Romain Gary,
La Promesse de l'aube

2. MAMAN, J'AI TUÉ LE PRINCE CHARMANT

Ou pourquoi ne pas tout miser sur l'être aimé

« L'important n'est pas d'aimer
mais de donner quelque chose à aimer. »

Jean Grenier

Si l'on cherche un berceau à nos idéaux romantiques, on peut d'ores et déjà dénoncer l'escroquerie du prince charmant. Le concept de l'homme sauveur parfait, garant de notre bonheur absolu et censé tout être à la fois n'existe pas ! Et mon Dieu, quel soulagement !

Les femmes s'extirpent encore avec difficulté de plusieurs millénaires de domination masculine. Dans le concept même de l'amour, nous avons davantage joué des rôles d'objets que de sujets.

Nous avons été reléguées à nos fonctions physiologiques, à savoir porter les enfants et donner la vie, ainsi qu'en prendre soin, vingt-quatre heures sur vingt-quatre et sept jours sur sept. Le foyer n'est qu'un prolongement symbolique de ce ventre, devenu le terrain de notre tribu.

Pendant une longue période de l'Histoire, les rôles étaient parfaitement définis : le mariage était avant tout une collaboration matérielle et une vitrine sociale, et non pas une véritable union sentimentale. L'amour se déployait davantage dans les liens extra-conjugaux, dans l'interdit. Le risque était d'en payer le prix fort, surtout pour les femmes. Sans moyens contraceptifs efficaces, la romance ne pouvait pas être vécue de manière totalement légère, car comportant une menace de grossesse et donc de rejet. Pendant très longtemps, le couple, au sens marital du terme, n'incluait en aucun cas la dimension de bonheur conjugal.

Quant aux grands amoureux représentés dans les mythes et les légendes, leur histoire se termine souvent tragiquement. Que l'on évoque Roméo et Juliette, Tristan et Iseut, Isis et Osiris, Eurydice et Orphée, l'issue est toujours la séparation, la vengeance et/ou la mort.

J'ai grandi avec ces histoires d'amour romanesques, qui ont teinté mon imaginaire de petite fille d'idées préconçues sur l'amour : le coup de foudre, la romance facile, la passion infinie. J'ai grandi, comme beaucoup, dans la projection d'un idéal amoureux. Je ne sais pas si j'ai cru longtemps au prince charmant, peut-être un peu plus qu'au père Noël, c'est évident. Je l'imaginais grand, brun, ténébreux. J'aspirais à ce qu'il soit mystérieux et connu, surprenant et sécurisant, tendre et fougueux. Qu'il représente tout pour moi.

Je me suis même parfois imaginé des heures quel prénom il porterait. Je fantasmais sur ce mystère. J'imaginais avec naïveté que l'on rencontre un jour *l'homme* de sa vie, et qu'on le reconnaît comme l'élu. J'ai compris bien plus tard que l'on rencontre avant tout *des* hommes dans sa vie.

Bref, j'ai porté mes idéaux d'amour comme des emblèmes, projetant la perfection comme l'unique possible. Le problème avec cet état d'esprit, c'est qu'on ne peut vivre que des déceptions...

Les projets, premier pilier de l'amour

J'ai été ébouillantée par certains de mes sentiments d'amoureuse inexpérimentée. Je trouve que l'intensité de nos premiers émois est sans pareille, mais souvent exagérée. On surestime, on surévalue, on exacerbe à s'en étouffer.

À mon entrée au lycée, le jour de la rentrée des classes, j'ai croisé le regard d'un garçon. Les mots ne suffisent pas à retranscrire ce qui s'est passé dans mon corps. C'était comme un effondrement, un vertige, une chute dans le vide, proche de la sensation d'un premier orgasme, où l'on ne contrôle plus rien de cette intensité soudaine. En un instant, j'ai confondu le coup de foudre avec l'amour.

Arrêtons-nous quelques instants sur le concept de « coup de foudre », défini dans la langue française comme « la manifestation subite de l'amour dès la première rencontre », sauf que ce n'est pas l'amour qui se manifeste dès les premiers instants de la rencontre, mais plutôt un sentiment amoureux, un état d'amour, un désir tout au moins.

Marine Duvouldy, dans sa conférence TEDx d'Annecy[1], expose l'idée que l'amour durerait 90 secondes. Biologiquement parlant, on ressent l'émotion d'amour comme toutes les autres émotions, mais l'expérience de l'amour partagé est, de toutes les émotions, la plus

1. DUVOULDY Marine, conférence TEDx « L'amour dure 90 secondes », Annecy, publiée le 22 octobre 2018.

divine à ressentir. Elle semble donc plus forte, et plus intense que les autres.

L'émotion d'amour peut évidemment se prolonger de 90 secondes en 90 secondes, mais la sensation n'est jamais permanente en nous. Nous n'aimons donc jamais tout le temps, et la transe n'est pas continue, mais elle est réellement addictive.

L'époque est ainsi faite que l'on peut rencontrer très facilement de nouvelles personnes. Les applications, les soirées thématiques, les boîtes de nuit, et pour les plus intrépides d'entre nous, tous les lieux du quotidien, laverie, café, supermarché, etc. sont autant d'endroits où trouver l'amour.

Nous n'aimons donc jamais tout le temps, et la transe n'est pas continue, mais elle est réellement addictive.

L'amour se crée d'abord parce qu'on partage une émotion et/ou une expérience commune, et que l'on se retrouve dans un contexte qui nous amène à l'échange, l'entraide, le papotage de manière simple et banale.

Un ami me racontait qu'il avait rencontré un dimanche soir une femme très séduisante à la laverie. En attendant son linge, il a simplement offert un moment d'échange et de complicité à sa voisine de machine à laver.

Ça peut en rester là, ou bien se poursuivre, mais dans tous les cas, cela réside dans le choix qu'on en fait. C'est de l'amour parce qu'on décide que ça en est. Le moment en tant que tel, aussi dingue soit-il, n'aura d'importance que si on décide de continuer à enrichir et approfondir cette connexion humaine, et ce lien naissant.

Pour la science, l'amour n'est qu'une étape. Barbara Fredrickson, neuropsychologue, avance la théorie que « l'amour n'est ni durable, ni exclusif, ni inconditionnel[1] ». C'est-à-dire que ce sentiment ne permettra pas de bâtir un couple solide sur la durée, et nous ne survivrons pas, comme nous l'avons évoqué dans le premier chapitre, à l'arrivée d'un hiver glaçant, après l'été caniculaire des premiers instants. Ce qui peut permettre à ce sentiment de ressurgir souvent, ce sont les moments de partage, de connexion, de complicité et de créativité que l'on vivra à deux.

Pour résumer, les projets au sein de l'union, des plus minimes aux plus ambitieux, construisent l'amour et le fondent. Nous pouvons même envisager le couple comme un projet en tant que tel.

Des « micro-moments de résonance positive »

Survient dans de nombreux cas l'envie irrépressible de fonder une famille, avant même d'avoir bâti le couple sur des racines solides d'exploration et de compréhension mutuelle. Dans certains cas, cela fonctionne, mais pour une majorité d'autres, c'est une source de mésententes.

Cependant, l'envie de fécondité pour un couple peut inclure des domaines différents : un projet commun, des voyages, un lieu de vie, des rêves à réaliser ensemble.

1. FREDRICKSON Barbara, *Ces micro-moments d'amour qui vont transformer votre vie*, Poche Marabout, 2013.

L'objectif est de faire du couple un terrain de jeu, d'engagement et de découverte, dans lequel on aura le loisir de s'explorer soi-même au travers du lien.

Barbara Fredrickson parle de « résonance positive amoureuse » pour décrire tous ces moments où l'on va communier avec l'autre, et qui permettront au couple de tenir sur la durée. D'ailleurs, ces « micro-moments de résonance positive » ne sont pas vécus exclusivement sur le terrain du mariage, mais dans toutes les relations d'amour au sens large, qui ponctuent notre quotidien.

Votre partenaire est une source d'amour, parmi toutes celles dont vous avez besoin pour maintenir votre équilibre affectif. Pourquoi vouloir que son/sa chéri(e) devienne son/sa meilleur(e) ami(e) si on a justement la chance d'avoir des meilleur(e)s ami(e)s, qui remplissent merveilleusement bien ce rôle ?

Apprenons, en amour, à ne pas mettre tous nos œufs dans le même panier.

Apprenons, en amour, à ne pas mettre tous nos œufs dans le même panier ; non pas par crainte, mais par conscience de l'importance des différentes sources d'amour complémentaires, qui rendent notre quotidien meilleur.

Ce n'est plus un prince charmant que nous voulons rencontrer, mais une équipe de super-héros à nos côtés !

« À UN MOMENT J'AI DIT :
"CAROLINE, VOICI RÉMI, IL EST PEINTRE ;
RÉMI VOICI CAROLINE,
ELLE VIT DANS UNE BANQUE EN ATTENDANT
DE SE FAIRE BRAQUER." ELLE A DIT UN TRUC GENTIL
DU GENRE : "ILS DOIVENT ÊTRE RÉUSSIS,
VOS AUTOPORTRAITS", ET, LUI, IL L'A REGARDÉE
AVEC UN AIR DE FLÉTAN DE L'ARAL
PARCE QU'IL NE SAIT JAMAIS QUOI DIRE
AU MOMENT OÙ IL LE FAUT ET QU'IL ÉTAIT TRÈS SAOUL
ET QU'ELLE ÉTAIT TRÈS BELLE. »

Sylvain Tesson,
S'abandonner à vivre

3. BIOLOGIE AMOUREUSE

Ou comment la science nous aide à assumer notre responsabilité individuelle

« L'amour,
c'est l'espace et le temps
rendus sensibles au cœur. »

Marcel Proust

La science tente aujourd'hui d'expliquer les phénomènes amoureux, jusqu'alors pressentis et devinés. Les neurosciences, particulièrement, sont de plus en plus exploitées dans des domaines de compétences multiples comme le business, l'éducation, et l'amour donc.

Le rôle de l'ocytocine

Lucy Vincent, neurobiologiste et auteure de l'ouvrage *Comment devient-on amoureux ?*, nous éclaire sur les facteurs biologiques qui entrent en ligne de compte dans la rencontre amoureuse. L'ocytocine joue notamment un rôle déterminant dans le processus d'attachement à l'autre. Pour Lucy Vincent, « l'amour est un destin génétique[1] », à savoir que l'humain est poussé, presque fatalement, vers deux priorités : la survie et la reproduction. Le couple ne serait donc pour elle qu'une conséquence du besoin intrinsèque d'être protégé et de survivre. Dès l'adolescence, au moment de la puberté, nous cheminons inexorablement vers l'autre, afin de chercher inconsciemment un contexte de reproduction. L'attraction amoureuse serait alors guidée par des mécanismes chimiques.

L'ocytocine joue notamment un rôle déterminant dans le processus d'attachement à l'autre.

1. Vincent Lucy, *Comment devient-on amoureux ?*, Odile Jacob, 2004.

L'explication biologique n'est sûrement pas suffisante mais je dois avouer qu'à mes vingt-deux ans, alors que je formais avec un homme un des premiers couples capables de véritablement m'épanouir, j'ai naturellement commencé à ressentir l'envie d'avoir un enfant. Je me suis alors documentée sur la maternité, et suis devenue naturellement plus attentive aux enfants de mon entourage et à ceux que je croisais. Aux femmes qui me liront, vous comprendrez peut-être (ou pas) cette sensation qui émerge dans le ventre, quand on a bâti un foyer avec l'autre et qu'on devient apte à donner la vie, dans un cadre – plus ou moins – amoureux et sécurisant. Et même si, à cette époque, je ne me sentais pas encore prête à accueillir un enfant, des réactions physiologiques commençaient déjà à préparer le terrain.

Je trouve que l'argument scientifique peut, dans une certaine mesure, tenir la route pour expliquer ce besoin évident que nous avons de nous lier à un autre pour former un couple, et cela, dès que nous sommes en âge et en capacité de donner la vie.

Pour les premiers hommes, créer des alliances permettait de se protéger mutuellement et de survivre. Aujourd'hui, à une époque où l'union amoureuse s'affiche comme une vitrine sociale, le couple touche toujours à la question de la survie, dans le sens où l'on cherche à travers lui à perpétuer notre rang dans la société et à sauvegarder notre image.

Des hormones aux neurones

L'ocytocine, cette hormone qui crée du lien avec l'autre, est celle-là même qui joue un rôle prépondérant pour aider la maman à accoucher de son enfant. En effet, elle favorise le travail, l'expulsion du bébé et l'attachement naturel et immédiat entre les deux êtres. Elle fait donc partie intégrante de notre histoire, et ce dès les premiers instants.

Certains courants de pensée psychanalytiques pourraient nous pousser à croire qu'on cherche à retrouver notre parent en l'autre. D'ailleurs, ce n'est pas forcément le parent du sexe opposé que l'on recherche inconsciemment, mais plutôt celui dont on a été le plus proche et qui a joué le rôle de figure d'attachement. Dans certains cas, ça saute aux yeux. Je connais des hommes qui ne cherchent qu'une copie conforme de leur mère, certains consciemment, d'autres moins.

Je crois que j'ai parfois trouvé ma mère chez certains hommes de ma vie. Ça peut paraître fou dit comme ça, mais je retrouvais avec eux des sensations ressenties dans le lien maternel : des manières de prendre soin, de chercher à poser un cadre bienveillant, et même certaines fois, des comportements légèrement intrusifs. On pourrait imaginer que nos gènes nous font chercher quelqu'un de différent et de complémentaire afin de nous enrichir génétiquement, mais c'est souvent l'inverse qui se démontre : on cherche ce qui nous ressemble et nous rappelle ce que l'on a déjà vécu.

Il n'est donc pas impossible que, dans vos schémas amoureux actuels, vous soyez en train de rejouer du connu. Et votre cerveau n'y jouera pas un rôle au hasard. Le mental nous fait souvent emprunter les chemins connus au lieu de nous encourager à en imaginer d'autres ; et cela, même si nous possédons une plasticité cérébrale qui nous permet à chaque instant de créer de nouveaux circuits neuronaux, et donc d'instaurer du changement.

Les neurones miroirs jouent un rôle crucial dans le processus biologique de l'amour puisque comme leur nom l'indique, ils mettent les cerveaux des deux partenaires en synchronisation, comme un miroir. Ces neurones nous font nous voir agir, simplement en observant l'autre effectuer l'action. Ils nous connectent alors intensément aux personnes qui font partie de notre environnement quotidien, et en particulier avec la personne qui partage notre intimité.

Nous avons parfois cette impression dans une histoire d'amour, et souvent dans les débuts, d'être hyperconnectés avec notre partenaire, de ressentir les mêmes choses au même moment, de nous exprimer de la même manière, etc. Les responsables sont alors nos neurones miroirs car ils nous poussent à imiter ce que nous observons. Dans la connexion à l'autre, des réflexes biologiques se mettent en place : par exemple, il a été prouvé que l'ouïe s'affine pour mieux entendre l'être aimé ! Nos qualités sensorielles décuplent au contact de l'objet de notre amour.

La responsabilité individuelle

L'amour engendre de la réceptivité émotionnelle, qui génère à son tour de l'amour. Cela marche dans les deux sens et cela peut devenir un cercle vertueux. Encore faut-il veiller à ne pas assommer l'autre avec nos émotions ! Ou se transformer soi-même en éponge, se pensant capable de boire toutes les difficultés de l'autre. Cela peut être compliqué à gérer…

Tout au long de cet ouvrage, vous trouverez une règle essentielle pour faire perdurer l'amour : assumer sa *responsabilité individuelle*. En vivant aux côtés de l'autre, je deviens perméable à ce qui le traverse, grâce à mes neurones miroirs et à beaucoup d'autres facteurs. Ce sont parfois des bonnes choses, parfois de moins bonnes. Nous sommes dans tous les cas en prise avec une grande fluctuation émotionnelle. Cela ne veut pas dire qu'on doit culpabiliser de ressentir des émotions diverses, mais cette responsabilité nous invite à prendre en charge ce qui s'exprime et à déceler le besoin qui se cache derrière.

Il y a toujours un besoin caché derrière une émotion que l'on ressent comme difficile, et nous n'avons pas à compter sur l'autre pour prendre en charge ce qui nous appartient. À l'inverse, bloqués dans une posture de sauveur, nous pouvons parfois prendre sur nos épaules les problématiques de l'autre, pensant ainsi l'alléger de ses malheurs. Sauf qu'en agissant ainsi, nous créons de la dette (l'autre nous doit le fait de se sentir mieux et nous considère comme une béquille), et nous n'encourageons pas l'évolution individuelle de chacun, qui passe justement par le fait d'apprendre à s'extirper seul de ses difficultés, pour en retirer des enseignements personnels et des outils précieux.

Apprenons à reprendre la responsabilité de ce qui nous appartient et soyons plus conscients de ce que nous offrons de meilleur et imposons de pire à l'autre.

La méditation amoureuse

Si la responsabilité individuelle protège l'amour en ne lui imposant pas nos humeurs changeantes, l'intimité peut alors se tisser sur des bases plus saines. Et c'est au cours des moments d'intimité que nous créons l'amour, biologiquement parlant. On active à travers la tendresse, le regard, la présence, une forme de synchronisation amoureuse. Cela entraîne la sensation de ne faire qu'un, et les décharges d'ocytocine que l'on ressent aux prémices d'une rencontre nous font l'effet d'une drogue qui nous rend joyeux en produisant de l'attachement.

Soyons plus conscients de ce que nous offrons de meilleur et imposons de pire à l'autre.

Barbara Fredrickson, dont nous parlions dans le chapitre précédent, met également en lumière l'importance du nerf vague dans le processus amoureux. Selon elle, c'est ce nerf qui, en accélérant notre rythme cardiaque pendant un « micro-moment de résonance positive amoureuse[1] », nous donne la sensation d'amour.

1. Fredrickson Barbara, *Ces micro-moments d'amour qui vont transformer votre vie*, Poche Marabout, 2013.

Lorsque la romance décrit un cœur qui s'emballe face à la vue de l'être aimé, la biologie décrit une excellente tonicité vagale.

Et cette neuropsychologue a même été plus loin, en menant une expérience pour démontrer qu'il était possible d'avoir une influence sur sa tonicité vagale à travers la pratique de ce qu'elle a nommé la *méditation amoureuse*. Car nous ne sommes pas tous égaux face au bon fonctionnement de notre nerf vague. Cette pratique peut permettre d'accroître les élans amoureux, vivre plus de « micro-moments d'amour », et plus globalement nous permettre d'être en bonne santé.

En fait, pour Barbara Fredrickson, le plus important est de pouvoir vivre des connexions d'amour le plus souvent possible avec des êtres que l'on croise chaque jour sur notre chemin. C'est en ce sens qu'elle a présenté ses travaux au dalaï-lama en 2010, afin d'œuvrer à diffuser plus d'amour et de compassion en ce monde, pour notre santé amoureuse à tous.

« J'AI AIMÉ L'EAU, LA LUMIÈRE, LE SOLEIL,
LES MATINS D'ÉTÉ, LES PORTS, LA DOUCEUR DU SOIR
DANS LES COLLINES ET UNE FOULE DE DÉTAILS
SANS LE MOINDRE INTÉRÊT COMME CET OLIVIER
TRÈS ROND DONT JE ME SOUVIENS ENCORE
DANS LA BAIE DE FETHIYE OU UN ESCALIER BLEU
ET BLANC FLANQUÉ DE DEUX FONTAINES
DANS UN VILLAGE DES POUILLES DONT J'AI OUBLIÉ
LE NOM. JE NE REGRETTE NI D'ÊTRE VENU
NI DE DEVOIR REPARTIR VERS QUELQUE CHOSE D'INCONNU
DONT PERSONNE, GRÂCE À DIEU,
N'A JAMAIS PU RIEN SAVOIR.
J'AI TROUVÉ LA VIE TRÈS BELLE
ET ASSEZ LONGUE À MON GOÛT. »

Jean d'Ormesson,
Qu'ai-je donc fait ?

4. S'ATTACHER SANS SE LIGOTER

Ou comment identifier nos schémas familiaux pour les dépasser

« Une des fonctions de l'attachement
est de permettre de se sentir en sécurité,
de façon à pouvoir partir à la découverte
de ce qui nous entoure. »

Yvane Wiart

On ne peut pas écrire un livre sur l'amour sans s'attarder quelques instants sur l'attachement et son processus. En premier lieu, il y a, dans la rencontre avec l'autre, la recherche de soi.

La connaissance de soi

En permanence, nous nous cherchons en l'autre, jusqu'à parfois nous y perdre ; surtout si l'autre ne se connaît pas lui-même, un tant soit peu. Nous fonçons dans l'amour tête baissée dès le plus jeune âge, en oubliant une règle essentielle : il s'apprend et nous ne savons pas aimer la majorité du temps, car nous ne nous aimons pas nous-mêmes. Perdurent dans cette société d'innombrables cas de violences conjugales, ou de relations désastreuses, souvent parce que nous entrons dans le couple avec toutes nos blessures sur le dos, comme un fardeau, devenu trop lourd à porter seul. Il n'y aurait plus de pervers narcissiques, ou de folles hystériques, s'il n'y avait pas la possibilité en nous d'être des victimes. Ce que je veux dire, c'est que, si on éduquait les filles à devenir des femmes qui ont confiance en elles et qui s'autorisent à réussir, à être heureuses et à aspirer au meilleur pour elles, et d'une même façon, si on éduquait les garçons à être courageux et vulnérables, à se faire confiance, à communiquer et à ouvrir leur cœur, les couples malheureux et dysfonctionnels seraient, j'imagine, bien moins nombreux.

On aime souvent comme on a été aimé, et parfois, c'est tout sauf de l'amour que nous avons reçu, et cela devient ensuite notre manière d'exprimer l'amour à notre tour. Les lacunes en amour se perpétuent de génération en génération, jusqu'au moment où une personne de la lignée décide de travailler sur elle-même et de s'offrir de vivre autre chose dans ses schémas affectifs.

> **Les lacunes en amour se perpétuent de génération en génération, jusqu'au moment où une personne de la lignée décide de travailler sur elle-même.**

Les trois types d'attachement

J'ai fait récemment une découverte qui a éclairé de nombreux questionnements : la théorie de l'attachement, du psychologue anglais John Bowlby. Si nous avions été informés, dès le jeune âge, de nos lacunes en matière de lien, nous aurions depuis longtemps travaillé à regagner une capacité d'attachement sain.

Rentrons dans le vif du sujet. Selon Bowlby, il existe trois types d'attachement :
– l'attachement *secure* ;
– l'attachement *insecure évitant* ;
– l'attachement *insecure ambivalent*.

Pour le psychologue, nous ne cherchons pas qu'un espace nourricier chez notre mère ; nous avons besoin d'un lien de sécurité affective, avec la figure d'attachement qu'elle représente. Nos six premiers mois sont une période déterminante dans ce processus.

Lorsque ses besoins sont clairement entendus et pris en charge, et que l'enfant n'a pas à faire d'effort pour recevoir de la présence et de l'affection, il développe un attachement *secure*. Plus la mère est sensible, attentionnée et prend plaisir à partager des moments avec son enfant, plus l'attachement « secure » se tisse solidement et naturellement. Plus tard, en grandissant, il développera des liens fluides avec son entourage et continuera de garder une proximité sans dépendance avec la figure d'attachement. Adulte, il sera plus à même de lier sereinement des attaches affectives et à les faire durer. Il ne rencontrera pas de grandes difficultés à trouver son équilibre dans les relations amoureuses, ainsi qu'à accepter l'éloignement et les séparations, car il sera empreint de sa propre sécurité intérieure et d'une capacité à se faire confiance.

L'attachement dit *insecure évitant* se crée lorsque la mère manque d'attention envers les émotions de son enfant comme sa colère, sa peur, sa détresse et ne le prend pas véritablement au sérieux. Elle montre constamment qu'elle sait ce qui est mieux pour lui, sans être réellement attentive à ce qu'il exprime dans l'instant. En grandissant, l'enfant a du mal à traiter ses états émotionnels et les évite dès qu'il le peut, car ils n'ont jamais été considérés par les adultes qui l'entourent. Il se sépare facilement de sa figure d'attachement au profit d'activités dans lesquelles il se plonge. Adulte, il saisit mal l'intérêt de l'attachement et de l'amour, mais remet peu en question l'environnement familial dans lequel il a évolué, et ne le voit pas comme la source de ses difficultés affectives.

Le troisième type d'attachement est de type *insecure ambivalent*. Dès ses premiers mois, l'enfant a reçu successivement une hyper-attention, voire une vigilance accrue, qui a été suivie d'un désintérêt total de la part de sa mère. Cela développe chez lui un rapport compliqué à ses émotions, qui sont souvent vécues très intensément, et il rencontre des difficultés à s'apaiser, même en présence de sa mère. Adulte, il ressentira le besoin d'être en couple à tout prix, même malheureux, et rencontrera des difficultés à avoir confiance en l'amour de l'autre, et en l'autre tout court.

La figure maternelle

Ce qui est passionnant avec les travaux de John Bowlby, c'est qu'ils rendent accessibles des profils d'attachement, qui est en définitive le socle de l'amour. On ne parle plus seulement du sacro-saint « sentiment amoureux » mais on explore l'amour à travers ce sur quoi il se fonde : le lien. Vous l'aurez compris, l'amour n'est pas permanent en nous, mais se renouvelle à l'infini lorsque la relation – basée sur l'attachement – s'ajuste et se soigne. Il faut comprendre d'où l'on vient pour savoir où aller, et cela peut passer par la prise de conscience du schéma dans lequel nous sommes bloqués.

On explore l'amour à travers ce sur quoi il se fonde : le lien.

Cependant, Bowlby évoque l'importance d'une seule figure d'attachement, le plus souvent incarnée par la mère. Élément que je me permettrai de remettre en question, ne serait-ce que pour déculpabiliser les femmes d'avoir à porter tout ça sur leurs épaules. Je pense que la seconde figure d'attachement, même dans sa non-présence, joue d'une manière ou d'une autre un rôle dans nos processus d'attachement.

Pour ma part, j'ai grandi avec ma mère et l'ai naturellement considérée comme ma figure d'attachement. Elle était émerveillée dès ma naissance de m'avoir comme fille. J'ai été très aimée, câlinée et entourée d'amour dès mon plus jeune âge. Mon père était moins présent dans ma vie, je le voyais certains week-ends mais pas assez régulièrement pour en faire une figure d'attachement à part entière. Je suis persuadée que cela a joué un rôle dans mes capacités et mes difficultés à créer du lien amoureux et à savoir le faire perdurer. Je me retrouve beaucoup dans le profil *secure* car j'ai reçu assez d'amour et de tendresse pour avoir confiance en moi et en mes choix, et pour savoir gérer la présence comme l'absence. Pourtant, j'ai fait montre par le passé de certains comportements qui peuvent découler du profil de l'*insecure ambivalent*. J'ai donc dû travailler sur ces attitudes et j'ai beaucoup évolué ces dernières années.

À travers la compréhension de nos schémas, nous pouvons amorcer des changements précieux en nous-même, et fonder ainsi les bases d'une relation solide et pérenne avec l'autre, car notre sentiment de sécurité viendra avant tout de notre construction intérieure.

« C'EST DEPUIS CETTE SECONDE QUE JE T'AI AIMÉ.
JE SAIS QUE LES FEMMES T'ONT SOUVENT DIT CE MOT,
À TOI LEUR ENFANT GÂTÉ. MAIS CROIS-MOI,
PERSONNE NE T'A AIMÉ AUSSI FORT,
COMME UNE ESCLAVE, COMME UN CHIEN,
AVEC AUTANT DE DÉVOUEMENT QUE CET ÊTRE
QUE J'ÉTAIS ALORS ET QUE POUR TOI JE SUIS TOUJOURS
RESTÉE. RIEN SUR LA TERRE NE RESSEMBLE À L'AMOUR
INAPERÇU D'UNE ENFANT RETIRÉE DANS L'OMBRE ;
CET AMOUR EST SI DÉSINTÉRESSÉ, SI HUMBLE, SI SOUMIS,
SI ATTENTIF ET SI PASSIONNÉ QUE JAMAIS
IL NE POURRA ÊTRE ÉGALÉ PAR L'AMOUR FAIT DE DÉSIR
ET MALGRÉ TOUT EXIGEANT D'UNE FEMME ÉPANOUIE. »

Stefan Zweig,
Lettre d'une inconnue

5. NE FAIRE QU'UN, OUI, MAIS LEQUEL[1] ?

Ou pourquoi la connaissance de soi nous aide à inventer notre couple

« Il convient dans un couple
d'apprendre très vite à se définir, à se positionner,
à ne pas laisser à l'autre le monopole de nous dicter
ce que nous devons faire, être, dire, ne pas dire,
sous peine d'être infantilisé. »

Jacques Salomé

1. Inspiré de la citation d'Oscar Wilde : « Être un couple, c'est ne faire qu'un. Oui, mais lequel ? »

Depuis quelques années, le sujet de l'attachement excessif – soit la dépendance affective – est partout, et beaucoup de gens se reconnaissent dans cette prison qu'a dressée « l'amour ». Nous avons abordé dans le chapitre précédent l'importance de reconnaître son/ses schéma(s) d'attachement, ne serait-ce que pour comprendre ce qui nous pousse à avoir un partenaire : pourquoi avons-nous tant besoin de l'autre pour survivre ?

Lorsque l'attachement se fait raisonnablement au départ, c'est-à-dire qu'il est ponctué de moments de fusion comme de moments d'autonomie, nous développons par la suite une capacité naturelle à être en lien comme à retrouver sa solitude. Nous avons même besoin des deux, pour maintenir notre équilibre.

Je me souviens d'un mois de septembre il y a quelques années, mon amie Sara m'a offert le livre *Mange, prie, aime* d'Elizabeth Gilbert à mon retour de Bali. J'ai été marquée par ce passage où l'auteure – c'est un roman autobiographique – se rend compte qu'elle se met à ressembler physiquement aux hommes de sa vie, lorsqu'un de ses amis lui en fait prendre conscience. C'est comme si elle se transformait en eux, jusqu'à prendre même l'apparence d'un visage et d'un corps qui ne sont pas les siens. Cette forme de dissolution brutale du « soi » au profit du « nous » finit par créer une ressemblance globale, jusqu'aux traits physiques des deux conjoints.

D'ailleurs, saviez-vous qu'avec les années, on possède la même flore intestinale que son partenaire ? Je trouve ça passionnant d'imaginer que biologiquement, nous pouvons finir par développer ce genre de symbiose... digestive, par exemple !

La tentation d'imiter l'autre

Je crois qu'au moment de la rencontre, on se travestit pour plaire. C'est inconscient, mais on modifie des parties de soi pour les rendre aimables, tout simplement parce que nous imaginons qu'elles sont davantage dignes d'être acceptées ainsi. Nous renforçons notre observation de l'être aimé, et agissons pour coller à ses attentes, et ainsi incarner la personne qu'il attend que nous soyons.

Je me souviens d'une conversation avec un ami, qui me confiait que sa fiancée n'était pas la femme indépendante qu'elle avait prétendu être au moment de leur rencontre. Elle pouvait au contraire lui sembler parfois oppressante dans les moments d'éloignement où chacun d'entre eux menait sa vie indépendamment de l'autre.

En fait, quand on y réfléchit, on aurait plus à gagner à se dire à l'autre dès le départ pour éviter la confusion et la déception future de ne pas être aimé pour qui nous sommes vraiment.

L'objectif profond de nos rencontres amoureuses est de rentrer en connexion avec une personne avec laquelle on se sentira à l'aise d'être totalement soi-même ; une personne face à laquelle nous n'aurons pas peur d'être nu, vulnérable, ou au contraire puissant et tenace.

On se fond dans l'autre parce qu'on a peur d'être soi. De nombreux individus, au moment de la séparation, réalisent qu'ils ne savent même plus qui ils sont en dehors de l'autre.

Cet écueil coûte cher à l'amour. Il est primordial de toujours veiller à être au centre de son existence, incarnant un égoïsme éclairé, celui d'entretenir un monde qui donnera régulièrement envie à l'autre de venir le visiter.

On se fond dans l'autre parce qu'on a peur d'être soi.

Prendre sa vie en main et créer son bonheur chaque jour demandent plus de courage que de s'oublier dans la relation avec l'autre.

Se distinguer

Dans le couple, on ne choisit pas l'autre pour ce qu'il est la plupart du temps, on le choisit pour ce qu'il va nous permettre de devenir. Dans le bonheur comme, encore trop souvent, dans la difficulté.

Je m'explique : on cherche à retrouver et découvrir en l'autre d'innombrables facettes de soi. Souvent, les relations amoureuses – et vous avez dû le réaliser – nous mettent face à des peurs incontrôlables, des colères démesurées, des réactions souffrantes. Le hasard est bien fait puisqu'il est absent de l'équation. Il n'y a pas d'amour au hasard, même si nous nous persuadons parfois du contraire.

Tant que l'on reste victime d'un lien amoureux, tant que nous n'avons pas saisi l'enseignement de l'histoire, nous pouvons stagner longtemps et retomber constamment sur ce même type d'histoires, dans les mêmes schémas. L'outil principal pour transformer nos vies amoureuses reste la connaissance et la conscience de notre histoire de vie.

Lorsqu'on débarque dans l'amour, on doit chercher à ôter ses propres résistances et à se positionner directement dans ce qui sera épanouissant pour soi. Se fondre en l'autre est une fabuleuse opportunité de ne pas se regarder soi-même.

Il est urgent de ne plus perdre de temps avec les mauvaises personnes, car tant qu'on ne dit pas « non » à ce qui n'a pas le potentiel de nous épanouir, nous ne rencontrerons pas une personne capable de nous rendre véritablement heureux en nous aimant pour ce que nous sommes, dans nos ombres comme dans nos lumières.

L'entité couple n'est pas juste la fusion et la fonte de deux personnes en une, c'est un chemin initiatique vers l'autre, vers soi, vers son humanité. Nous nous imposons, dans la gestion de nos vies amoureuses, des règles qui ne correspondent ni à la modernité de notre époque, ni aux avancées sociétales. Le mariage et la vie à deux n'ont plus la même symbolique qu'autrefois, car nous tenons passionnément à nos indépendances. Nous aspirons en fait à des engagements amoureux qui nous laissent libres de mener la vie qu'on est appelé à vivre.

Alors pourquoi se cantonner à cette vision illusoire du « ils furent heureux et eurent beaucoup d'enfants » ? Aujourd'hui, on peut le troquer aisément par « ils furent heureux à deux et eurent beaucoup de projets et d'envies ». Avoir des enfants n'est finalement qu'une possibilité parmi tant d'autres…

Ce qui est important pour moi de vous transmettre dans ce livre, c'est qu'il n'y a aucune règle à des histoires d'amour heureuses, juste celle d'inventer ce qui nous conviendra : couple hétéro, homo, trans, exclusif, poly-amoureux, trouple, etc. Les formes d'amour sont aujourd'hui aussi vastes que le nombre d'individus sur Terre.

Vous êtes peut-être un jour tombé sur la série *Toi, moi, elle* sur Netflix où un couple bourgeois qui cherche à faire un enfant se perd dans une routine lassante. Un jour, ils font la connaissance d'une femme dont ils tombent tous les deux amoureux et qui entre dans leur vie pour former une famille… à trois !

Il n'y a aucune règle à des histoires d'amour heureuses, juste celle d'inventer ce qui nous conviendra.

L'amour n'est pas figé. Vos modes amoureux ne sont pas inscrits dans le marbre, et à chaque instant, l'amour peut chercher à se réinventer en vous. Je trouve ça personnellement plus sain de ne partir avec aucun a priori sur ce que sera le futur de mes envies.

Je préfère ressentir et examiner là où j'ai envie d'aller avec une personne, dans une rencontre. Chaque histoire d'amour donnera une équation différente. Vous pouvez avoir envie dans certains couples de choses dont vous n'aurez pas du tout eu envie dans d'autres. Je crois que l'important est de rester connecté aux besoins respectifs de chacun, et de les questionner. Il semblerait qu'une des composantes de l'amour soit de ne pas chercher à le contrôler, mais au contraire, de le laisser nous surprendre.

« JE CROIS QU'UN HOMME ET UNE FEMME
S'AIMENT DAVANTAGE QUAND ILS NE VIVENT PAS
ENSEMBLE ET QUAND ILS NE SAVENT L'UN DE L'AUTRE
QU'UNE SEULE CHOSE, QU'ILS EXISTENT,
ET QUAND ILS SONT RECONNAISSANTS
L'UN ENVERS L'AUTRE PARCE QU'ILS EXISTENT
ET PARCE QU'ILS SAVENT QU'ILS EXISTENT.
ET ÇA LEUR SUFFIT POUR ÊTRE HEUREUX.
JE TE REMERCIE (...), JE TE REMERCIE D'EXISTER. »

Milan Kundera,
Risibles Amours

6. LA JALOUSIE, UNE FAUSSE PREUVE D'AMOUR

Ou comment rétablir la confiance grâce à l'estime de soi

« La jalousie est mille fois
plus terrible que la faim,
parce que c'est une faim spirituelle. »

Miguel de Unamuno

En écrivant ce livre, j'ai eu envie de consacrer un chapitre entier à la jalousie, parce qu'il me semble que ce sentiment abîme fortement les êtres humains en les enfermant dans leurs propres blessures.

Le malentendu de la possession

On m'a raconté petite fille que la jalousie était une preuve d'amour et qu'un homme jaloux est un homme aimant. Dès le collège, même si je ne rencontrais pas moi-même beaucoup de succès avec les garçons, j'observais déjà des comportements de jalousie chez les couples populaires de l'école. C'est presque inscrit dans nos gènes : peu importe l'âge, être en couple avec un autre doit créer le sentiment d'appartenance. L'amour est une « assurance bonheur » qui s'effondre la majeure partie du temps car il ne s'inscrit pas, avant tout, dans une recherche de soi.

La société a, je pense, mal traduit la notion de jalousie. Il suffit de lire la définition du dictionnaire Larousse pour mieux comprendre où se situe le malaise : « Sentiment fondé sur le désir de posséder la personne aimée et sur la crainte de la perdre au profit d'un rival. »

Rappelons une grande règle des droits de l'homme : chaque être est libre de disposer de lui-même. Son corps lui appartient, ainsi que sa responsabilité à faire de sa vie un espace d'épanouissement en évoluant vers ce qui lui semble bon. J'ignore à quel moment de l'histoire on a imaginé que, dans un couple (et ailleurs), nous possédions un droit d'appartenance sur l'autre. Rappelons que nous ne sommes pas des objets mais des sujets, et par définition, nous possédons une souveraineté intérieure que nous devons conquérir, et sur laquelle personne ne devrait avoir le droit d'exercer un contrôle…

Malheureusement, l'histoire de l'humanité raconte un bien autre récit que celui-là, et encore aujourd'hui, le droit à l'esclavage des hommes, des femmes et des enfants sévit dans beaucoup de pays dans le monde. Vous pourriez me rétorquer que je ne peux pas comparer le droit d'appartenance sur l'autre que l'on s'octroie dans le couple à la misère de millions de personnes qui souffrent encore de la violente domination qu'on leur impose. Je pense qu'en tant que cellule de cette humanité, nous devons avant tout travailler sur nous-même et « incarner le changement que nous voulons voir dans le monde », comme disait Gandhi. Autrement dit, balayons devant notre porte avant de prendre parti : ainsi, notre position sera beaucoup plus juste et inspirante.

Une insécurité intrinsèque

Être jaloux, c'est manquer de soi. C'est se manquer soi-même parce qu'à aucun moment, nous entreprenons la démarche de nous rencontrer. La jalousie n'appartient qu'à celui qui l'exprime, et ne traduit que des insécurités relatives à son manque d'exploration de lui-même.

Rappelez-vous, lorsqu'on devait rendre un devoir important à l'école : tant qu'on ne s'était pas mis au travail, on stressait dès qu'on y pensait, et à l'instant où l'on se plongeait dedans, l'action faisait disparaître le sentiment d'anxiété. Plus vous repoussez l'idée de vous investiguer et de devenir responsable de vous-même, plus les symptômes comme la jalousie vous rappelleront que vous n'êtes pas encore en chemin.

Être jaloux, c'est manquer de soi.

La jalousie, c'est tous vos désirs profonds qui cognent au carreau de votre âme, pour vous suggérer d'aller vers vous-même, de vous écouter et de vous assumer. Il n'y a aucune raison de faire co-exister l'amour et la jalousie dans une relation d'attachement sain.

L'autre ne possède aucun droit d'obéissance sur nous. Nous sommes des êtres libres, donc n'oublions pas qu'on ne peut pas perdre quelque chose qui ne nous appartient pas. En plus, quand on y réfléchit, la peur n'empêche pas le danger puisque votre partenaire peut évidemment, avec ou sans jalousie, décider de partir vers d'autres horizons amoureux.

On ne peut pas perdre quelque chose qui ne nous appartient pas.

J'ai vécu dans un couple avec un homme jaloux, mais je me souviens qu'à l'époque, complètement dévastée après un premier chagrin d'amour, j'avais besoin de tout représenter pour l'autre en vivant un amour absolu. Sauf qu'au bout du compte, je me suis surtout retrouvée dans un amour souffrant.

La jalousie tue l'amour à petit feu, car elle l'enferme dans une prison qui viendra taire toute envie et tout désir pour l'autre. Esther Perel, psychothérapeute et spécialiste du couple, dit que « l'amour est comme un feu, il a besoin d'air pour brûler[1] ».

La jalousie n'apporte pas de braises à l'amour, malgré ce qu'on pourrait imaginer, elle finit par l'étouffer, puis l'éteindre. Pour aimer, nous avons besoin de sécurité, à l'image de nos premiers moments sur Terre, comme nous l'avons abordé précédemment, où nous avons eu besoin de nous sentir entourés, pour notre développement psychique et émotionnel. Le seul levier de sécurité que l'on possède dans la relation à deux, c'est soi-même et son propre épanouissement. Il nous faut accepter que l'autre ne représente pas tout, et ne puisse pas combler toutes les sources d'amour, d'envies et de projets, nécessaires à notre épanouissement et notre bonheur.

Nous avons besoin de créer un monde avec l'autre.

Gagner en assurance

On demande souvent à l'être aimé d'être tout pour nous, et parfois tout et son contraire : mystérieux et sécurisant, connu et inconnu, présent et distant, meilleur ami et amant… Si nous partions plutôt du postulat

1. Perel Esther, *Je t'aime, je te trompe*, Robert Laffont, 2018.

que les nombreuses relations de nos vies, nos amitiés et nos amours, peuvent, à elles toutes, combler nos différents besoins ? Si je suis avec mes amis, je n'ai pas forcément envie et besoin que mon amoureux soit là, et vice versa. Nourrir nos liens, en ne perdant jamais de vue l'importance des différentes sphères de notre vie sur notre bonheur, est primordial pour s'assurer un équilibre, et par extension, la bonne harmonie du couple.

Quand on décide d'en faire un élément moteur, la jalousie est une formidable opportunité d'aller vers soi et de saisir ses aspirations profondes, ses envies de sens et de lien. Ne vous jugez pas d'en ressentir, mais à la place, cherchez à l'utiliser comme un levier de compréhension de vous-même et de l'autre. Et si vous subissez la jalousie de votre partenaire, devenez attentif à ce qui se joue à l'intérieur de vous : quelles insécurités cela traduit-il ? Tant qu'elles ne seront pas prises en charge, elles ne vous permettront pas de rencontrer une personne qui a confiance en vous et en votre lien d'amour.

La véritable confiance est celle de ressentir pleinement que nous aimons et que nous sommes aimés par notre partenaire, avec lequel nous formons quelque chose d'unique : un couple à nous, qui nous ressemble, et que rien ni personne ne peut imiter ou remplacer.

« LES AUTRES METTENT DES SEMAINES ET DES MOIS
POUR ARRIVER À AIMER, ET À AIMER PEU,
ET IL LEUR FAUT DES ENTRETIENS
ET DES GOÛTS COMMUNS ET DES CRISTALLISATIONS.
MOI, CE FUT LE TEMPS D'UN BATTEMENT DE PAUPIÈRES.
DITES-MOI FOU, MAIS CROYEZ-MOI. UN BATTEMENT
DE SES PAUPIÈRES, ET ELLE ME REGARDA
SANS ME VOIR, ET CE FUT LA GLOIRE ET LE PRINTEMPS
ET LE SOLEIL ET LA MER TIÈDE ET SA TRANSPARENCE
PRÈS DU RIVAGE ET MA JEUNESSE REVENUE,
ET LE MONDE ÉTAIT NÉ, ET JE SUS QUE PERSONNE
AVANT ELLE, NI ADRIENNE, NI AUDE, NI ISOLDE,
NI LES AUTRES DE MA SPLENDEUR ET JEUNESSE,
TOUTES D'ELLE ANNONCIATRICES ET SERVANTES. »

Albert Cohen,
Belle du Seigneur

7. LE COUPLE, COMPLICE D'UN SECRET

Ou comment faire équipe avec son partenaire

« La vraie maison de l'amour
est toujours une cachette. »

Romain Gary

J'ai une amie coach qui dit souvent qu'elle accompagne les couples dans la même idée qu'elle coacherait les équipes d'une entreprise. Être en couple, c'est tout bonnement former une *team*.

L'humain est un être de lien, il a besoin pour survivre de trouver des semblables, avec lesquels il développera des connexions d'amour, et parmi ces liens, le couple formera une des plus fortes expériences affectives de son quotidien.

Être en couple, c'est tout bonnement former une *team*.

L'amour revêt un visage, celui de l'exploration intime. Aux prémices d'une histoire d'amour, on a envie de découvrir l'autre sous toutes ses facettes, de connaître les moindres détails de ce qui le compose et des expériences qui l'ont façonné. J'adore ces longues conversations au début de la rencontre, où l'on pourrait passer des heures autour d'une bonne bouteille de vin, à explorer ce nouveau continent qu'est l'autre.

Des rires aux échanges de regards, en passant par certains mots pensés et dits en même temps, la complicité entraîne deux personnes dans une entente profonde et spontanée, qui coule de source. Nous découvrirons, au fil des chapitres de ce livre, à quel point cette fluidité est importante, pour inscrire l'union dans la durée.

Les confidences

Il y a dans le terme « complicité » une notion de secret, d'ailleurs, on peut être complice des pires atrocités comme des plus grands miracles. Le point commun est que cela reste dissimulé, non dit.

Je trouve que l'amour entre deux êtres (ou plus si affinités) est une forme de secret, qu'il est primordial d'entretenir. Nous avons souvent tendance à critiquer l'être aimé au cours d'un dîner entre amis, à révéler des choses intimes sur notre partenaire en son absence, ou encore à nous plaindre de la relation, à l'extérieur de notre couple. C'est très humain d'agir ainsi, surtout que cela peut participer à se sentir appartenir à un groupe. Je pense notamment aux femmes qui se réunissent et se plaignent des hommes, et en premier lieu, de celui qui partage leur vie. Ou aux hommes qui s'accordent à dire « les femmes sont chiantes » pour clore un débat dont ils n'ont pas vraiment envie d'explorer les tenants et les aboutissants.

Nous usons facilement de la place de victime lorsqu'on se confie à un tiers, acceptant alors volontiers de se faire plaindre au sujet des problématiques que nous rencontrons avec notre partenaire. Cela ne veut pas dire qu'on ne peut pas se confier, mais il est important de choisir les personnes avec lesquelles nous le faisons. Nous pouvons tout à fait nous livrer à quelques amis ou membres de notre famille, dont on sait que l'avis est éclairant sur des questionnements que nous nous posons au sein de notre couple.

Cependant, gardez à l'esprit que la meilleure personne pour en parler et tenter d'améliorer les choses, c'est évidemment votre partenaire. La complicité grandira sur notre capacité à communiquer et à régler, en interne, nos conflits et nos désaccords, sans avoir besoin de ternir le lien à l'extérieur. C'est vrai qu'il n'est pas toujours aisé de mettre sur la table ce qui pose problème dans la relation, mais dénigrer l'autre pour se sentir mieux n'est qu'une compensation illusoire, car nous allons rarement mieux après l'avoir fait, c'est même souvent pire. Alors choisissez soigneusement vos interlocuteurs pour vous confier et prendre du recul (c'est important et parler nous y aide), puis revenez auprès de votre amour avec l'envie de trouver des solutions, ensemble, pour vous améliorer et mieux cohabiter.

La sexualité

Il y a, dans cette idée même du secret, un domaine qu'on ne partage qu'avec les amours de notre vie : la sexualité. La tendresse nous a fondés dès nos premiers instants sur Terre : une mère aimante nous offre le meilleur berceau pour être de futurs adultes heureux, car on se crée dans le lien avec l'autre. La sexualité vient ensuite nous émanciper, car c'est au moment de l'adolescence et de nos premières expériences que nous nous libérons de l'enfance pour commencer à devenir petit à petit des adultes.

Il y a deux grandes causes de divorce : l'argent et la vie sexuelle. Je crois que ce ne sont souvent que des alibis à des problématiques plus profondes, mais ce sont les explications qui sont largement données lorsqu'on questionne les individus sur les raisons de leur séparation.

J'ai déjà entendu dire que les hommes tombent vraiment amoureux et commencent à s'attacher une fois qu'ils ont fait l'amour. Ces stéréotypes du genre sont un peu dépassés, alors je dirais plutôt que les hommes comme les femmes commencent à créer un lien profond d'amour grâce à l'exploration d'une sexualité.

Les hommes comme les femmes commencent à créer un lien profond d'amour grâce à l'exploration d'une sexualité.

Il est évident que c'est un domaine où la complicité a toute sa place. Une complicité amoureuse, érotique nous permet de devenir un partenaire privilégié du plaisir de l'autre. C'est une fabuleuse mission lorsqu'on prend la mesure de ce qu'elle représente et du lien intense qu'elle va engendrer.

Je vous le confiais dans l'avant-propos de ce livre, j'ai une passion démesurée pour l'amour, j'ai passé de très nombreuses heures à observer les gens dans leurs interactions amoureuses. Et je trouve qu'on perçoit chez les couples qui ont une sexualité épanouie un lien particulier, un magnétisme singulier quand les corps se frôlent et que les désirs se synchronisent.

Le silence

On voudrait que les échanges soient toujours à l'image d'un premier rendez-vous, c'est-à-dire enflammés et intenses. Une des choses que j'ai pu observer chez les amoureux, c'est la peur de l'impermanence, la peur que les choses changent à chaque instant. Pourtant, on dit que la complicité s'éprouve dans le silence, dans les moments de présence sans mots. Je trouve que l'amour silencieux dit beaucoup.

J'ai eu longtemps très peur de ne rien avoir à dire à mon partenaire, et particulièrement en public, quand les regards sont potentiellement tournés vers nous. J'avais peur de ressembler « aux vieux couples » qui mangent l'un en face de l'autre sans trouver le moindre sujet d'échanges. Et puis j'ai évolué et j'ai saisi que le vide est particulièrement passionnant à explorer, dans l'amour et ailleurs. Aujourd'hui, je considère que le pire n'est pas d'être l'un en face de l'autre dans le silence, mais collés chacun sur son smartphone sans prendre le temps de s'observer, de se regarder. Il y a presque quelque chose de mortifère là-dedans. La fin d'une histoire d'amour s'écrit peut-être à ce moment-là, lorsqu'on ne pose plus de regard sur l'autre, qu'il devient absent dans sa présence. On ne se reconnaît alors plus dans ce qu'il nous montre de nous-même. Là où l'amour nous apprend à prendre soin et à reconnaître l'autre, nous échouons à respecter cette règle essentielle en ne considérant plus l'autre ni par le regard, ni par notre présence attentive.

L'amour a besoin de nouveaux déclencheurs avec les années qui passent, si nous ne voulons pas rapidement basculer dans l'oubli et l'indifférence. Le cerveau a besoin de stimulation et recherche sans arrêt le plaisir. Sa boulimie peut nous entraîner à chercher les plaisirs les plus simples et rapides, et à nous en contenter sans chercher à dompter cette machine infernale pour aspirer à plus grand.

Je vais vous faire une confidence : je rêve de vieillir des années avec un homme et nos enfants, toute une vie ou pas, peu importe, tant que ce sont des années pleines de rires, de larmes, d'émotions merveilleuses. J'ai cependant conscience de l'importance du cheminement personnel pour en arriver là, et de la sagesse et de la folie nécessaires à la réalisation d'un tel projet. Il faut, pour le réaliser, trouver un socle dans l'impermanence des choses, car rien n'est immuable, tout s'inscrit dans le changement. Faisons donc du couple un refuge à notre secret, et un abri pour notre amour face aux intempéries de la vie.

« JE NE T'AIME PAS TELLE UNE ROSE DE SEL, TOPAZE,
ŒILLETS EN FLÈCHE ET PROPAGEANT LE FEU :
COMME ON AIME DE CERTAINES CHOSES OBSCURES,
C'EST ENTRE L'OMBRE ET L'ÂME, EN SECRET, QUE JE T'AIME.

JE T'AIME COMME LA PLANTE QUI NE FLEURIT,
QUI PORTE EN SOI, CACHÉE, LA CLARTÉ DE CES FLEURS,
ET GRÂCE À TON AMOUR VIT OBSCUR EN MON CORPS
LE PARFUM RASSEMBLÉ QUI MONTA DE LA TERRE.

JE T'AIME SANS SAVOIR COMMENT, NI QUAND, NI D'OÙ,
JE T'AIME SANS DÉTOUR, SANS ORGUEIL,
SANS PROBLÈMES :
JE T'AIME AINSI, JE NE SAIS AIMER AUTREMENT,

JE T'AIME AINSI, SANS QUE JE SOIS, SANS QUE TU SOIS,
SI PRÈS QUE TA MAIN SUR MA POITRINE EST À MOI,
ET SI PRÈS QUE TES YEUX SE FERMENT
QUAND JE DORS. »

Pablo Neruda,
La Centaine d'amour

8. L'IMPERMANENCE SENTIMENTALE

Ou comment surmonter les difficultés en entretenant le désir

« C'est le propre de l'amour d'être forcé de croître, sous peine de diminuer. »

André Gide

L'amour est un mystère, mais j'ai l'impression que certains de ses secrets ont parfois été percés par des couples qui se sont aimés très intensément pour certains, et très longtemps pour d'autres.

Esther Perel en parle très bien, son expérience de psychothérapeute auprès de couples en difficultés l'a beaucoup éclairée sur ce que sont les enjeux de l'amour, notamment faire perdurer deux besoins fondamentaux et d'apparence contradictoire : la sécurité et l'aventure.

Nous avons besoin de connu et d'inconnu, de repères et d'explorations, de sécurité et d'excitation, et nous espérons trouver tout cela auprès du même partenaire. Est-ce réellement possible ?

Les premières difficultés

Face aux premières difficultés, nous avons trois réactions possibles : nous enfuir, nous résigner – c'est-à-dire accepter que la situation maritale ne sera jamais différente – ou en dernière option, entreprendre un travail sur le couple.

La frontière est subtile lorsqu'il s'agit de décider s'il est préférable de tenir bon plutôt que de lâcher prise et quitter la relation. Il y a évidemment des séparations nécessaires, où prendre de la distance s'avère souvent salvateur, mais il y a d'autres séparations que l'on aurait pu éviter, en faisant un travail conjoint sur les difficultés de la relation.

Tant que l'on ne se connaît pas a minima, nous restons une énigme dans notre relation à l'autre. Et c'est bien souvent ce qui finit par poser problème car il est forcément difficile d'y voir clair dans des espaces qui ne sont pas éclairés. Il est vrai que les difficultés forgent l'union la majorité du temps, mais il faut pour cela faire preuve d'un certain courage, de discernement et de foi en l'idée que si cette personne si chère à notre cœur doit être à nos côtés, elle le sera quoi qu'il advienne.

La volonté d'améliorer les choses est fondamentale. À l'image d'une entreprise que l'on déciderait de créer de nos mains, nous ne pouvons pas abandonner à la première difficulté et lorsqu'on se sent perdre confiance, il est important de se poser la question du « pourquoi faisons-nous cela ? ».

Je crois que les couples qui durent ont ce point commun : celui de sentir lorsque ça vaut la peine de continuer, de faire une thérapie de couple et de décider de se donner les moyens, malgré les inévitables embûches placées sur leur chemin.

Se réinventer

Face à la peur de voir le sentiment amoureux s'amoindrir avec les années, nous perdons parfois pied. Nous savons pertinemment qu'on ne retrouvera jamais la même fougue que dans les débuts, et je pense qu'à l'image de notre existence, où nous apprenons à accepter les pertes, celle-là en fait partie. Il nous faut apprendre que la passion s'essouffle inévitablement mais que certains ingrédients simples peuvent redonner au lien amoureux tout son éclat. L'amour s'entretient, comme un appartement dont on veillerait à refaire régulièrement les peintures pour donner un coup de frais.

J'ai découvert chez les couples qui ont passé des décennies ensemble une grande capacité à se réinventer. En écoutant le récit de leurs histoires, on pouvait aisément ressentir qu'ils s'étaient réinventés chacun *et* ensemble, à plusieurs étapes de vie.

Certains ingrédients simples peuvent redonner au lien amoureux tout son éclat.

Pour aimer mieux, apprenons à devenir plus souple, et apte à chaque instant, à reprendre sa part de conflit.

Le manque, moteur du désir

Esther Perel évoque « une crise de l'imagination[1] » chez des couples ayant perdu la flamme. Le désir s'éteint au fur et à mesure des années passées et des routines pesantes. La sexualité devient quasi inexistante et l'on se retrouve à cohabiter, plus qu'à partager une vie de désirs et d'intimité.

Il existe pourtant un remède magique à la lassitude : l'absence. Il faut apprendre à se quitter pour mieux se

1. Perel Esther, *Je t'aime, je te trompe*, Robert Laffont, 2018.

retrouver. On ne soupçonne pas à quel point la distance renforce le lien. Vous en avez sûrement déjà fait l'expérience, et pourtant, dans nos vies amoureuses, on ne prend pas assez le temps de se manquer.

J'ai autour de moi un ou deux couples fusionnels, pour lesquels le fait de rester tout le temps ensemble ne pose aucun problème. J'ai toujours trouvé ça intrigant car je suis plutôt de nature indépendante, et j'aime ma solitude. Cependant, je ne peux qu'admettre que pour certaines personnes, l'équation de co-dépendance fonctionne.

Mais pour la majorité, pèse sur leurs épaules le fardeau de raviver la flamme et de surprendre la dynamique du couple, sous peine de finir par assister, impuissants, au délitement de l'amour.

Admettons que lorsque l'être aimé devient une figure de désir pour les autres, nous nous trouvons tout à coup de nouveau stimulé par lui. Imaginez votre partenaire passionné et dans son élément, en train de prendre la lumière et le regard des autres : vous éprouverez forcément une fierté et une attirance.

L'humain est ainsi fait : il a souvent besoin que l'autre lui apparaisse comme nouveau et insaisissable afin d'en tomber encore et encore amoureux, d'où l'importance capitale de s'inscrire individuellement dans une quête personnelle d'épanouissement, de défi et d'invention, afin de surprendre l'autre de nos nouvelles facettes.

Partir à l'aventure

Mon oncle me disait un jour qu'on reconnaît l'amour lorsqu'il n'est plus présent dans nos vies. Ça m'a fait penser à la citation de Jacques Prévert : « On reconnaît le bonheur au bruit qu'il fait quand il s'en va. » Il n'est cependant jamais trop tard pour saisir son bonheur au vol, et apprendre dans quels contextes il se déploie.

Le couple a besoin de sentir le désir s'échauffer de nouveau : après de longues années à tisser un foyer accueillant et un nid pour nos enfants, il lui faut trouver les clefs pour déconstruire le connu et s'offrir de l'inattendu. Avec les années, nous agissons comme des automates, même dans nos sexualités, nous allons au plus simple et au plus efficace en oubliant que l'amour adore les détours et les sentiers inconnus.

Imaginez partir régulièrement à l'aventure avec votre partenaire, de chez vous ou à l'autre bout du monde, et faire de votre couple un terrain d'exploration, un laboratoire d'expérience. Nous avons besoin de créer un monde avec l'autre, d'envisager un univers, composé de nos richesses les plus essentielles, de notre tendresse sans limite et de nos souvenirs heureux.

Commencez à créer au fil des années ce qu'on pourrait nommer un *patrimoine amoureux*, composé de vos souvenirs les plus complices, et de vos recettes amoureuses. L'amour dans votre couple peut être apparenté à une merveilleuse plante : si on ne l'arrose pas, et qu'on ne répond pas à ses besoins essentiels, on le laisse se dessécher et il finit par mourir.

Dites à votre partenaire que vous le trouvez exceptionnel, beau, talentueux, que vous croyez en lui comme personne, organisez-vous des escapades, improvisez des aventures, et vous verrez fleurir des désirs inattendus.

« L'AMOUR QUI NOUS ATTACHE AUX BEAUTÉS ÉTERNELLES
N'ÉTOUFFE PAS EN NOUS L'AMOUR DES TEMPORELLES ;
NOS SENS FACILEMENT PEUVENT ÊTRE CHARMÉS
DES OUVRAGES PARFAITS QUE LE CIEL A FORMÉS.
SES ATTRAITS RÉFLÉCHIS BRILLENT DANS VOS PAREILLES ;
MAIS IL ÉTALE EN VOUS SES PLUS RARES MERVEILLES :
IL A SUR VOTRE FACE ÉPANCHÉ DES BEAUTÉS
DONT LES YEUX SONT SURPRIS,
ET LES CŒURS TRANSPORTÉS, [...] »

Molière,
Le Tartuffe

9. SE SÉPARER POUR NAÎTRE

Ou comment apprendre de nos ruptures

« Ce qui se répète dans l'amour,
ce sont les conditions de son apparition ;
c'est l'acte de naissance des fantômes. »

Jean-Max Gaudillière

Boris Cyrulnik, célèbre neuropsychiatre, aborde souvent la question de l'amour aux côtés de celle de la résilience. Pour lui, être mal parti dans la vie, c'est-à-dire dans un environnement non adapté à l'épanouissement, n'est pas nécessairement signe d'une vie future ratée. Il fait d'ailleurs partie de ces enfants qui n'ont pas connu l'innocence, puisqu'il a été embarqué dans les camps de concentration dès ses 6 ans, pour ensuite réussir à s'en échapper. Il explique tout cela dans son dernier essai *La nuit, j'écrirai des soleils*[1].

Pour lui, notre capacité à nous remettre d'un premier chagrin d'amour en dira long sur notre capacité de résilience future dans nos liens d'amour. Puisque la mort et la séparation font partie de la vie, elles deviendront des thématiques essentielles sur notre chemin de conscience et d'épanouissement.

Nous le disions dans le chapitre précédent, l'amour a besoin d'une alternance présence/distance pour s'épanouir, puisque le manque crée du désir et que ce même désir nous permet de nous sentir vivant et engendre le sentiment d'amour.

L'amour a besoin d'une alternance présence/ distance pour s'épanouir.

1. Cyrulnik Boris, *La nuit, j'écrirai des soleils*, Odile Jacob, 2019.

Je trouve que nous n'avons pas été assez éduqués à savoir accepter les ruptures amoureuses, et à les considérer comme des actes initiatiques, sur le chemin d'acceptation de notre propre finitude. Il est donc grand temps de parler de l'importance d'accepter nos séparations, qu'elles soient momentanées ou éternelles.

Le deuil

L'amour est un séisme qui nous arrache à nos quotidiens organisés pour nous plonger dans ce qu'il y a sûrement de plus beau à ressentir : le cœur qui s'ouvre, l'envie de suivre ses désirs et l'autorisation d'être enfin heureux. Pourtant, dans les couples que nous avons formés, nous avons davantage expérimenté le pire que le meilleur, et sommes ressortis tant bien que mal de nos unions, égratignés et blessés. Comment tant de gens peuvent-ils ne plus croire en l'amour, et ne plus être prêts à prendre le risque de souffrir ?

La psychanalyste Anne Dufourmantelle nous offre certaines clefs dans son ouvrage *En cas d'amour*[1], un ouvrage illustré des cas cliniques de ses patients « souffrant d'amour ». Elle écrit : « Dire oui à la rencontre, c'est accepter d'être dépossédé. Mais cela veut dire quoi ? Un être vous appartient-il jamais ? Non, ni son amour, ni sa passion, ni même sa présence. Tout peut disparaître, s'oublier, se perdre. Il faut être fou pour faire ce pari insensé de l'amour. »

1. DUFOURMANTELLE Anne, *En cas d'amour*, Rivages Poche, 2009.

Il faut être tout aussi fou pour faire le pari de la vie. Nous sommes le fruit d'un miracle biologique, quand on réalise l'infime probabilité qu'avait un jour ce spermatozoïde de faire de l'œil à cet ovule, et finir par le féconder. Pour être pleinement vivant, je crois qu'il faut accepter l'idée même de mourir, et réaliser que, finalement, ce n'est pas la mort elle-même qui nous effraie, mais la possibilité de ne plus vivre. Alors qu'attendons-nous pour le faire véritablement, plutôt que de laisser notre cœur inanimé sans assistance ?

Dans l'exercice de la relation amoureuse réside l'apprentissage que nous avons besoin de faire sur Terre : celui du deuil. Nous avons quitté et avons été quittés, nous savons à peu près tous – plus ou moins – en quoi consiste la rupture amoureuse et quels sont ses effets. Mais généralement, nous ne faisons rien pour comprendre les raisons de cet « échec » et repartons inlassablement dans les mêmes schémas.

La rupture amoureuse nous fonde tels que nous sommes : remerciez tous les ex de votre partenaire, car grâce à eux, il est devenu la personne que vous avez la chance de fréquenter. Là encore une fois, la jalousie n'a pas à prendre racine.

Envisager l'après

Mina Tauher entre un jour dans le cabinet de la psychanalyste en lui formulant cette demande : « Je voudrais que vous me débarrassiez de l'amour. » Comme beaucoup de patients, Mina a souffert d'amour, ou plutôt de ce qu'elle croit être l'amour. « J'ai aimé un homme et j'ai cru, oui, mourir quand il m'a quittée. Ça arrive tous les jours, n'est-ce pas ? Seulement, c'était il y a 25 ans et je ne m'en remets pas. »

Tout au long du travail psychanalytique, la thérapeute lui fait réaliser l'existence de loyautés inconscientes avec sa lignée familiale. « Les crises d'angoisse, la peur d'être abandonnée, les symptômes sont là pour empêcher le sujet de percevoir les loyautés infantiles qui le protègent », explique Anne Dufourmantelle. Mais ces résistances inconscientes sont là pour nous protéger de quoi, au juste ? Je crois qu'elles empêchent l'avenir de se dérouler de manière totalement libre et forcent le sujet à s'inscrire dans la continuité d'une tradition amoureuse de souffrance et d'attente dans ce cas précis.

Pour Mina Tauher, la patiente sur le divan, l'amour sera toujours synonyme de souffrance tant qu'elle ne réécrit pas en elle-même sa propre destinée, et non celle fatalement transmise par ses prédécesseurs, et à laquelle elle restera inconsciemment loyale. « Parce que je me retourne dans le passé et je vois l'avenir », disait le philosophe Kierkegaard.

L'apprentissage

La rupture amoureuse nous ramène toujours au profond sentiment d'abandon que l'on porte en nous. Un peu à l'image de tous les gènes présents dans notre corps, correspondant à toutes les maladies, qui se déclenchent dans certains cas et pas dans d'autres, l'abandon est inscrit dans nos cellules de manière intrinsèque.

Il n'y a pas une personne de cette humanité qui n'a pas vécu le déchirement d'avoir à quitter la fusion avec le corps maternel et l'appréhension d'arriver dans un monde si vaste et insécurisant. Adultes, nous continuons d'en porter les séquelles et pouvons parfois ressentir des symptômes tels qu'un vide existentiel, la peur abyssale de perdre nos proches, la sensation d'être seul au monde, accompagné d'angoisses inexpliquées. Nous revivons possiblement la même sensation que celle traversée dans l'enfance, lorsque nous sommes livrés à ce grand tout, créant chez nous les remontées d'un stress post-traumatique, qui ressurgit avec les années en fonction des ruptures extérieures que nous traversons.

Certains clament que l'on ne devrait jamais abolir la peine de cœur, parce que c'est elle, à l'exact endroit où elle nous tord le ventre, qui vient nous démontrer toute la puissance que recèle l'amour. Si la rupture est synonyme de mort, elle est également l'opportunité d'une renaissance. « Ce qui ne me tue pas me rend plus fort[1] » : dans le cas de la rupture sentimentale, devenir plus fort consiste surtout à devenir plus conscient de ce qui se joue en nous.

Si la rupture est synonyme de mort, elle est également l'opportunité d'une renaissance.

Vous l'avez compris, la rupture nous construit dès notre plus jeune âge, et en faire l'apprentissage nous sera nécessaire tout au long de notre vie. Faire face à notre peur de mourir, et de voir ceux qu'on aime disparaître, est un chemin qui nous guide vers le sens.

1. Nietzsche, *Crépuscule des idoles*, 1888.

Je n'ai pas de conseils universels pour vous inviter à explorer ce que représente la mort à vos yeux, et ainsi mieux l'accepter, mais je peux dire quelques mots de ma propre expérience. Je ne crois pas au néant, ni au paradis et à l'enfer. Je crois en l'expérience de l'incarnation d'une âme dans un corps physique, venue vivre une expérience spirituelle aux allures de destinées humaines. Je parle souvent avec ma grand-mère décédée il y a six ans, et je me sens pleinement en contact avec elle, ce qui me fait évidemment mieux accepter de ne pas pouvoir la toucher physiquement.

La renaissance

Pour conclure, je dirais que les ruptures font partie d'une histoire d'amour à part entière, et qu'il est souvent plus intelligent de faire une pause et de prendre du recul avec l'autre, que de finir par s'abîmer sans retour en arrière possible. Lorsqu'on apprend à s'arrêter avant qu'il ne soit trop tard, je crois qu'on peut avancer vers un autre type de couple, mais toujours avec le même partenaire. Tout est possible !

Rappelons-nous que ce n'est pas l'autre que nous quittons, mais le couple que nous formons ensemble, et ce même couple peut évidemment évoluer, grâce notamment à l'élan commun d'emprunter un chemin de conscience, de responsabilité et de mise en lumière de nos croyances et schémas relationnels inconscients.

Et rassurez-vous, les premières années sont souvent les plus difficiles, c'est d'ailleurs pour cela que l'on raconte que l'amour dure trois ans. En fait, cela traduit l'idée que l'amour se bâtit sur des racines solides (ou cassantes) durant les trois premières années du couple, pendant lesquelles de nombreux questionnements, tels que celui de la compatibilité, trouveront réponses.

« C'EST UNE FOLIE DE HAÏR TOUTES LES ROSES
PARCE QU'UNE ÉPINE VOUS A PIQUÉ,
D'ABANDONNER TOUS LES RÊVES
PARCE QUE L'UN D'ENTRE EUX NE S'EST PAS RÉALISÉ,
DE RENONCER À TOUTES LES TENTATIVES
PARCE QU'ON A ÉCHOUÉ... C'EST UNE FOLIE DE CONDAMNER
TOUTES LES AMITIÉS PARCE QU'UNE D'ELLES VOUS A TRAHI,
DE NE CROIRE PLUS EN L'AMOUR JUSTE
PARCE QU'UN D'ENTRE EUX A ÉTÉ INFIDÈLE,
DE JETER TOUTES LES CHANCES D'ÊTRE HEUREUX
JUSTE PARCE QUE QUELQUE CHOSE N'EST PAS ALLÉ
DANS LA BONNE DIRECTION. IL Y AURA TOUJOURS
UNE AUTRE OCCASION, UN AUTRE AMI, UN AUTRE AMOUR,
UNE FORCE NOUVELLE.
POUR CHAQUE FIN IL Y A TOUJOURS
UN NOUVEAU DÉPART. »

Antoine de Saint-Exupéry,
Le Petit Prince

10. NOTRE LIBERTÉ AMOUREUSE

Ou comment la créativité nous aide à construire un couple à notre image

« J'ai pris feu dans ta paix. »

Saint Augustin

Tout au long de ces premiers chapitres, j'ai souhaité vous aider à mieux saisir les tenants et les aboutissants de l'amour, les pièges à déjouer en cas de difficultés sentimentales, et les espaces à explorer pour mieux comprendre et surtout mieux aimer. L'amour s'apprend, vous l'aurez compris, et savoir aimer n'est pas inné, même si tomber dedans l'est complètement !

Les modèles doivent évoluer pour nous permettre de concilier liberté et engagement.

Faire de l'autre un idéal, l'unique source de notre épanouissement et lui dédier notre vie tout entière est vain, surtout à l'époque où nous vivons. Les modèles doivent évoluer pour nous permettre de concilier liberté et engagement.

Un modèle dépassé

Il m'est déjà arrivé d'aller à des mariages, dont on m'a raconté plus tard que les deux époux, avant même de prononcer leurs vœux, savaient déjà au fond d'eux qu'ils n'étaient pas vraiment faits pour fonctionner ensemble, et que de nombreuses incompréhensions régnaient déjà au sein du couple. Alors en quoi la vie maritale serait-elle différente ? Et ces mêmes couples suivent ensuite à la lettre ce que la société a longtemps projeté comme un modèle de réussite sociale (achat d'une maison, projet d'enfant(s), puis métro/boulot/dodo toute une vie ou presque), sans un seul instant le remettre en question, pour l'adapter à ce qu'ils sont et à ce qu'ils veulent vraiment.

Nous ne sommes généralement plus contraints d'emprunter les mêmes chemins amoureux que nos générations passées, et pourtant, nous sommes fatalement attirés à reproduire ces schémas et à incarner des valeurs dont on ne sait même pas à qui elles appartiennent et si elles nous ressemblent vraiment.

Effectuer un travail d'investigation personnelle et apprendre à assumer d'être pleinement moi-même ont fait de moi une meilleure amoureuse, car cela m'a rendue beaucoup plus libre d'inventer une vie sentimentale qui me ressemble et qui prend appui sur mes valeurs profondes et mes aspirations.

Dans toutes les dynamiques de couple qui fonctionnent et que j'ai pu rencontrer, il y a toujours eu le point commun de l'intelligence et de la prise en compte des besoins respectifs. Par exemple, je connais des amoureux qui ont décidé d'avoir chacun leur chambre à coucher afin d'avoir deux espaces totalement indépendants, qui leur permettent de garder un sentiment d'autonomie, tout en vivant sous le même toit.

Alors, ça vous inspire ?

Inventer

Vous l'aurez compris, ce qui est compliqué avec l'amour, ce sont les apparentes contradictions dans lesquelles il nous place, et la schizophrénie imposée qu'il entraîne. « Nous voulons être intoxiqués d'amour mais ne pas souffrir, nous voulons la nature mais pas les intempéries, les crues ni les déserts, nous voulons aimer et désirer sans se fatiguer jamais, nous voulons l'intensité sans la douleur et la mélancolie sans le suicide », dit la psychanalyste Anne Dufourmantelle.

Sur le divan, l'amour est analysé comme le symptôme d'une pathologie plus profonde : le manque intracellulaire de l'autre, comme nous en parlions dans le chapitre précédent. On se sent alors parfois comme dépossédé d'un tout.

Pour tisser son propre canevas amoureux, il faudra être inventif, innovant, sortir des sentiers battus, et créer sa légende amoureuse. À l'image des épopées fantastiques, il sera bon de faire usage de magie, et être prêt à ressortir régulièrement sa baguette pour créer des étincelles de surprise et de redécouverte.

Mais certains ont une vision désabusée de l'amour. À lire mes mots et mon enthousiasme, beaucoup d'entre vous pourraient se dire : « La vie n'est quand même pas un conte de fée, faut pas abuser ! » Je me souviens d'un dîner chez des amis où j'ai rencontré une femme qui m'a rétorqué, lorsque j'exposais ma vision de l'existence, que la vie n'était pas aussi simple que ça. En lui demandant qui, dans son entourage, lui avait un jour fait croire le contraire, j'ai senti que ma question avait créé chez elle une grande gêne.

Nos opinions et visions des choses sont clairement influencées par les innombrables croyances des gens qui nous ont élevés, proches et lointains, notre famille comme la société. La vie est tout simplement composée de ce qu'on en fait, de nos désirs à nos actions, en passant par nos espoirs, la vie prend la forme de ce qu'on est. Je crois que ce n'est pas plus compliqué que ça. Et lorsque nos vies se teintent d'amour, que l'on prend pleinement conscience du bonheur infini qu'apporte l'acte d'ouvrir son cœur, de faire preuve de générosité et de tendresse avec les gens qui nous entourent et de mesurer la chance d'aimer et d'être aimé, s'inscrit alors en nous, de manière intrinsèque, notre raison d'être sur Terre.

Plus besoin de courir après la réussite, l'argent, la notoriété, le succès ou encore la beauté, l'amour nous apportera tout cela de manière simple et évidente. Nous sommes avant tout riches des moments d'amour que nous vivons et possédons en nous, et je suis persuadée qu'avant de quitter cette Terre, c'est bien ceux-là que nous verrons défiler dans notre mémoire.

Nous sommes avant tout riches des moments d'amour que nous vivons.

Les questionnements philosophiques, religieux et spirituels amènent très souvent à la question de l'amour. Sommes-nous des êtres d'amour ? Sommes-nous sur Terre pour apprendre à aimer ? Le bien et le mal peuvent-ils coexister, ou doit-on faire le choix de l'un ou l'autre ?

Nous sommes souvent coincés dans une vision binaire des choses : le gentil ou le méchant, le justicier ou le voleur, la victime ou le bourreau, l'ombre ou la lumière… En vivant dans une dualité permanente, nous séparons inévitablement, au lieu de chercher à rassembler. Et si tout ça n'était qu'un concept, et que nous étions justement toutes les nuances de cet arc-en-ciel, des plus sombres aux plus éclairées, ne prônant aucun jugement sur ce qui est mieux à être ou à ressentir ?

Un nouveau sens

À une époque où le développement personnel a le vent en poupe, on oublie l'importance fondamentale de ne pas travailler seulement sur ses objectifs de réussite sociale et professionnelle, mais aussi sur sa réussite intime et amoureuse.

Mon amie Anne-Claire Meret, dans son livre *Une vie de préliminaires*[1], défend l'idée que devenir des bons amoureux est un enjeu fondamental à la survie de notre espèce et de notre planète. Car il ne s'agit plus seulement d'agir pour maintenir un couple équilibré et épanoui, il s'agit de reconsidérer ce qu'un bon amoureux incarne, en termes de respect, de considération et de transition positive pour l'humanité.

Aussi jeune que je m'en souvienne, je me suis questionnée sur le sens de la vie en général et de ma vie en particulier. Que signifie « s'incarner dans le monde » ?

1. Meret Anne-Claire, *Une vie de préliminaires*, auto-édité, 2019.

À part avoir l'impression de vivre dans une course effrénée au plaisir illusoire, qui nous fait voyager jusqu'à la mort… C'est le sens qui nous sauve. Donner du sens n'est pas juste un acte abstrait, intellectuel ou philosophique, c'est le salut de l'espèce humaine. Rien d'élevé ne se fait sans une recherche de sens, sans se poser la question du « pourquoi ». Ma réponse – et je tiens à préciser qu'elle m'appartient – m'a toujours poussée à croire que l'amour offrait une réponse ultime à nos questionnements les plus torturés et laissés sans réponse.

Apprendre à aimer l'autre, dans toutes ses différences, et surtout à travers les prismes de nous-même auxquels il nous confronte, est d'une complexité sans pareille mais d'un intérêt sans nom.

L'enfer, c'est les autres, mais le paradis aussi.

« AIMER QUELQU'UN, C'EST LE LIRE.
C'EST SAVOIR LIRE TOUTES LES PHRASES
QUI SONT DANS LE CŒUR DE L'AUTRE,
ET EN LE LISANT LE DÉLIVRER.
C'EST DÉPLIER SON CŒUR COMME UN PARCHEMIN
ET LE LIRE À HAUTE VOIX, COMME SI CHACUN
ÉTAIT À LUI-MÊME UN LIVRE ÉCRIT DANS UNE LANGUE
ÉTRANGÈRE. IL Y A PLUS DE TEXTE ÉCRIT SUR UN VISAGE
QUE DANS UN VOLUME DE LA PLÉIADE ET,
QUAND JE REGARDE UN VISAGE, J'ESSAIE DE TOUT LIRE,
MÊME LES NOTES EN BAS DE LA PAGE.
JE PÉNÈTRE DANS LES VISAGES, COMME ON S'ENFONCE
DANS UN BROUILLARD, JUSQU'À CE QUE LE PAYSAGE
S'ÉCLAIRE DANS LES MOINDRES DÉTAILS. »

Christian Bobin,
La Lumière du monde

11. FONDER SA CULTURE ÉROTIQUE

Ou pourquoi la sexualité est bien le ciment du couple

« Le plaisir érotique est une course d'obstacles. L'obstacle le plus attrayant et le plus populaire est la morale. »

Karl Kraus

Vous le savez si vous m'avez déjà lue, je prêche l'idée que nous devons être, en amour, notre premier territoire à explorer, notre première terre à conquérir. J'envisage la sexualité sur le même modèle : une investigation intime, complémentaire à une exploration commune.

La sexualité avec l'autre se fonde souvent sur ce que l'on a déjà expérimenté de sa propre intimité, de son rapport au désir et aux fantasmes qui ont prise sur nous. C'est pour moi le langage amoureux ultime, une forme de communication intime avec soi-même et avec l'autre.

Les deux prochains chapitres s'apprêtent à éveiller en vous l'envie de tendresse et d'étreinte charnelle.

La norme

Souvent, au début de nos rencontres amoureuses, nous sommes vite tentés de faire corps avec notre partenaire pour nous découvrir, et les prémices d'une histoire d'amour sont teintées d'explorations intimes balbutiantes, et certaines fois prometteuses. Mais le terrain de la sexualité cristallise à lui seul tellement de frustrations, de complexes et de non-dits… Les années passées l'un à côté de l'autre sans pouvoir se comprendre créent une inévitable érosion dans le désir d'un couple.

Comment retrouver le goût de la première fois avec un corps dont on partage le sommeil depuis tant d'années ? Est-il moral de chercher à relancer le désir à l'extérieur du couple ? Face à ces questions laissées taboues, je crois que les réponses se révèlent souvent à travers l'exploration de nos propres solutions, et de ce qu'on décide de créer pour soi, en dehors de tout dogme moralisateur.

En matière de sexualité, il n'y a absolument aucune règle qui vaille mieux qu'une autre. Pourtant, la question omniprésente de la normalité « Suis-je normal ? Suis-je dans le rang ? » vient souvent contrarier l'envie, a priori contradictoire, de transgression et d'interdit.

L'inspiration

La sexualité s'expose un peu plus chaque jour dans les médias, la littérature, et évidemment sur Internet à travers des contenus qui vont de simples scènes érotiques aux vidéos les plus pornographiques. Il y en a pour tous les goûts, des plus fins connaisseurs aux plus triviaux. Mais on peut considérer que « le fast-food est à la gastronomie, ce que la pornographie est à l'érotisme ». Cette phrase n'est pas de moi mais d'un chef étoilé, dont je trouve la comparaison brûlante de justesse !

J'invite souvent les femmes que j'accompagne en formation en ligne à développer leur propre culture amoureuse et érotique, à découvrir qui elles sont, dans leur rapport à leur corps, à leurs sens, à leur nudité et à leur jouissance.

La littérature érotique et amoureuse offre aujourd'hui un panel d'œuvres, des plus poétiques aux plus explicites. L'ère des podcasts a engendré de nouveaux types de contenus audio, tels que les *Audio Porn* de Voxxx, qui offrent de tout nouveaux supports d'excitation, beaucoup plus à l'image d'une vision du plaisir partagé, et pas toujours phallocentré.

Il y a deux ans, j'ai découvert une librairie parisienne spécialisée en littérature du genre qui s'appelle La Musardine dans le XIe arrondissement, et je vous invite vraiment à vous y aventurer si vous passez dans le coin, car cet espace regorge d'idées prêtes à faire exploser votre créativité amoureuse et votre plafond de désir.

Nos vraies envies

Nous avons besoin de connaître notre corps, nos zones érogènes, nos espaces d'excitation afin de gagner du temps au moment de la rencontre avec l'autre. Il est quand même plus simple de partager avec votre partenaire ce que vous avez déjà découvert de vous, plutôt que de faire à l'aveugle de nombreuses tentatives pour atteindre un début de compréhension mutuelle.

On offre dans la sexualité
notre intimité
la plus profonde.

Dans un couple, le sexe est le terreau de la complicité. Deux partenaires qui font l'amour régulièrement créent un lien singulier de proximité physique et émotionnelle. On offre dans la sexualité notre intimité la plus profonde, et je crois qu'il faut prendre la mesure du cadeau que cela représente. L'écueil que nous rencontrons est celui d'envisager nos sexualités de manière assez binaire : soit on sacralise l'acte, soit on le bafoue, et dans le couple, on peut rencontrer de la difficulté à trouver ses propres nuances.

La vie quotidienne d'un couple est souvent un terrain miné par des conflits a priori minimes, mais lourds à porter lorsqu'ils s'accumulent et créent un vaste malentendu ; la qualité de la sexualité en sera alors inévitablement dégradée. Particulièrement chez les femmes, dont le désir se construit sur des étapes de tendresse, de détente et de relâchement, qui ne peuvent évidemment pas exister si l'on est tendu dans son corps par le conflit avec l'autre. Chez les hommes, la dissociation entre désir et conflit se fait plus facilement, même s'ils y sont perméables quand même.

Faire l'amour, c'est tout le temps : de la manière dont vous regardez votre partenaire le matin lorsqu'il boit son café, aux gestes tendres et affectueux, en passant par les messages des plus coquins aux plus enflammés. On fait l'amour avec tellement de parts de nous, de formes différentes et de situations banales. La sexualité devrait faire partie des sujets de conversation du couple au quotidien. Tout comme on demande à l'être aimé ce qu'il a envie de dîner le soir, on pourrait le questionner sur la manière dont il aimerait faire l'amour et jouir, à son retour à la maison. L'excitation se crée alors dans

La sexualité devrait faire partie des sujets de conversation du couple au quotidien.

les imaginaires respectifs et la tension sexuelle habitera les corps des deux partenaires, pour les hommes avec une forme d'adrénaline, et pour les femmes en vagues de chaleur, jusqu'à leurs retrouvailles.

Il y a un autre élément important à prendre en compte : les feedbacks *post*-rapport sexuel. Je trouve que savoir exprimer à l'autre ce qui nous a plu, là où l'on a particulièrement pris du plaisir, et envisager d'autres explorations intimes sur le modèle de ce qui fonctionne déjà, permet de créer un lien intime solide, et fait croître la qualité de la sexualité dans son ensemble.

L'excitation exponentielle

Nous envisageons souvent naturellement, au moment d'emménager en couple sous le même toit, d'arrêter d'avoir une vie sexuelle à soi. Je m'explique : dans de très nombreux couples, les partenaires cessent de se masturber ou de maintenir une vie érotique et fantasmatique qui leur appartient.

Encore une fois, vous amenez ce que vous êtes et ce qui vous fait vibrer, au sein du couple. En conservant l'envie de vous offrir des moments sensuels qui n'appartiennent qu'à vous, comme un bon bain chaud, des bougies et un orgasme, vous retrouverez l'autre dans un état d'excitation consommée, mais d'excitation quand même. Et si le cœur vous en dit, vous pourrez même lui raconter…

On envisage l'amour en nous comme un stock limité, et nous pensons fermement qu'au lieu de s'accroître, il se divise : « Si j'aime mon mari, je pense ne pouvoir aimer que lui. Et si je ressens de l'amour pour d'autres (sur le plan sentimental), c'est que je n'aime plus mon mari. »

En nous laissant naturellement guider par l'amour, lorsqu'il se présente sous de multiples formes, nous réaliserons alors que l'amour ne se divise pas, au contraire, il se multiplie ; l'amour appelle l'amour, c'est un cercle vertueux. On ne se pose d'ailleurs jamais la question dans nos amitiés, de savoir si nous avons encore assez de place pour aimer un nouvel ami, qui entre dans notre cercle proche.

Je pense aux mamans de mon entourage, dont le cœur explosait déjà d'amour en la présence de leur premier enfant, ressentant qu'elle n'avaient jamais aimé aussi fort. Au moment de l'arrivée du deuxième, l'amour se démultiplie par magie, offrant largement assez d'espace pour aimer chacun, et aimer encore plus fort. Le désir sexuel fonctionne sur le même modèle : plus on prend du plaisir et plus on en reçoit ; plus on fait l'amour et plus on a envie de le faire. À bon entendeur !

« JE SUIS TRÈS ÉMUE DE VOUS DIRE
QUE J'AI BIEN COMPRIS L'AUTRE SOIR QUE VOUS AVIEZ
TOUJOURS UNE ENVIE FOLLE DE ME FAIRE DANSER.
JE GARDE LE SOUVENIR DE VOTRE BAISER
ET JE VOUDRAIS BIEN QUE CE SOIT LÀ UNE PREUVE
QUE JE PUISSE ÊTRE AIMÉE PAR VOUS. JE SUIS PRÊTE
À VOUS MONTRER MON AFFECTION TOUTE DÉSINTÉRESSÉE
ET SANS CALCUL, ET SI VOUS VOULEZ ME VOIR AUSSI
VOUS DÉVOILER SANS ARTIFICE MON ÂME TOUTE NUE,
VENEZ ME FAIRE UNE VISITE. »

George Sand à Alfred de Musset

12. SEXUELLEMENT RESPONSABLE

Ou comment nourrir sa sexualité

« On veut même pas de soleil
mais des éclipses pour faire l'amour.
Pour que l'instant soit bref,
intense comme un fruit qu'on savoure. »

Gaël Faye

La qualité de la sexualité fait office de baromètre dans un couple. Elle est un indicateur de la bonne santé affective, de la qualité de l'intimité et de l'état du désir des partenaires. Évidemment, il ne suffit pas de faire beaucoup l'amour mais de *bien* faire l'amour avant tout, de s'assurer de la réceptivité émotionnelle de l'autre et de son plaisir, tout en étant attentif au sien. L'amour physique est une danse, un échange précieux et intime, c'est l'acte de don de soi par excellence. La sexualité n'a pas besoin d'être performante, elle a besoin d'être tendre, amoureuse et attentive. Elle a besoin de confiance et de sécurité pour s'épanouir.

L'amour physique est une danse, un échange précieux et intime, c'est l'acte de don de soi par excellence.

Les différences homme/femme

Des approches comme le tantra nous invitent à ralentir le rythme dans nos ébats amoureux pour mieux ressentir, à pratiquer le *slow sex*.

L'homme cherche souvent de manière totalement incontrôlée et inconsciente à pénétrer et « posséder » le corps de la femme. La tension que crée l'excitation masculine le pousse à tenter d'assouvir le plus rapidement possible cette pulsion de délivrance.

Chez les femmes, les fondations du plaisir sont tout autres. Je crois qu'une femme a besoin de se sentir aimée, respectée et choyée pour se livrer totalement, cœur, corps et âme. L'acte de laisser un homme rentrer en elle est tout sauf anodin, et je crois qu'il est important de mesurer la symbolique puissante que cela représente. Contrairement à l'excitation de l'homme qui se construira sur une tension et une raideur, le désir de la femme se diffusera dans tout son corps comme une vague de détente, humidifiant son intimité et provoquant dans son corps une ouverture et une réceptivité.

La pénétration (et d'autant plus si elle n'est pas protégée) n'entraîne pas que le mélange de fluides intimes, elle engendre une fusion de nos énergies les plus subtiles. Je préfère vous avertir sur tout ce qu'implique le fait d'offrir son corps et son intimité à l'autre, et encore plus sans préservatif. Vous ne prenez pas que du plaisir, vous prenez également la vibration de votre partenaire, des espaces les plus lumineux aux plus obscurs.

Cela n'implique évidemment pas de se restreindre : faire l'amour est un acte bien trop nécessaire à notre épanouissement pour nous en passer, mais il s'agit de veiller à être plus conscient et sélectif dans le choix de nos partenaires.

Lever le tabou

Nous devons apprendre à poser des mots sur ce que nous ressentons physiquement, et tenter d'exprimer nos désirs pour qu'ils soient entendus dans la sphère intime. On n'imagine pas le fossé que crée l'absence de sexualité dans un couple – lorsqu'elle n'est pas consentie – et l'absence de dialogue n'aide en rien à faire bouger les choses.

La frustration des hommes et des femmes sur le plan de l'amour physique est encore aujourd'hui très palpable. La pornographie a mal enseigné aux hommes à faire l'amour aux femmes, et la honte a couvert la sexualité féminine d'une carapace difficile à fissurer.

En fait, la honte a travesti la vision que nous avions de la sexualité, faisant de ce sujet essentiel un véritable tabou. La sexualité s'affiche de manière extrêmement binaire : tantôt puritaine, tantôt extrême, et le couple entretient souvent ces schémas duels, comme nous le disions dans le chapitre précèdent.

Je me souviens avoir entendu une de mes amies au lycée me dire : « Je couche avec plein de garçons, je suis une salope. » Comment une adolescente de 17 ans peut-elle imaginer ça d'elle-même, dans une société soi-disant égalitaire ? On peut encore rencontrer dans certains couples la crainte que l'autre ait eu, par le passé, une sexualité riche, et particulièrement si cela concerne la femme. Parce qu'évidemment, le fait d'être une femme et d'aimer faire l'amour n'est pas encore totalement accepté par notre société. La vierge intacte semble toujours plus respectable qu'une femme qui a eu de nombreux partenaires. Je vous l'accorde : tout cela est en train d'évoluer car la parole des femmes se libère, avec intelligence et colère. Tant mieux.

J'ai eu la chance de grandir dans un environnement familial tendre et affectueux, où la sexualité n'était ni un tabou, ni une crainte. J'ai toujours trouvé auprès de ma mère une oreille attentive pour répondre à mes questionnements. Des règles jusqu'aux débuts de ma vie sexuelle, elle a toujours été sainement présente, pour me guider. Par la suite, dans mes relations, je me suis sentie en sécurité pour exprimer à mes partenaires mes envies et mes limites. J'ai été vite à l'aise grâce à ce contexte assez cadrant et attentif, me permettant de lâcher prise. J'ai ainsi toujours respecté en moi mes désirs d'exploration sexuelle, sans jamais les juger ou les restreindre. Je pense que je dois à ma mère de m'avoir transmis un lien sain avec ma sexualité et son exploration ; mais j'ai conscience que tout le monde n'a pas eu cette chance et que beaucoup d'entre nous éprouvent des difficultés à s'épanouir dans leurs désirs intimes, tout au long de leurs relations amoureuses.

Le langage érotique

Il y a évidemment des périodes où la sexualité peut diminuer naturellement, parce qu'une autre source d'amour, un projet, un enfant, accapare l'attention et le cœur des amants. Ces périodes peuvent être constructives pour recréer un rapport différent avec le corps de l'autre, et instaurer à la place une profonde tendresse. Les caresses, les câlins, les baisers sont des sources d'amour tout aussi puissantes qu'un orgasme, et surtout, elles viennent entretenir un lien physique amoureux. La communication tendre et

Les caresses, les câlins, les baisers sont des sources d'amour tout aussi puissantes qu'un orgasme.

érotique, comme nous l'évoquions dans le chapitre précédent, vous permettra, en cas de période plus chaste, de relancer la flamme. Prendre le temps de masser le corps de l'autre, de le prendre dans nos bras, nous apporte un épanouissement physique tout aussi important que l'acte sexuel.

Dans la sexualité, les rôles s'envolent, on ne doit plus être que des amants dont la seule et dernière mission sur Terre est celle d'offrir du plaisir à l'autre. Prenez régulièrement le temps de vous retrouver pour faire l'amour, bloquez une plage horaire sur vos agendas, comme un rendez-vous à part entière, dont on prépare le meilleur déroulé, sans source de dérangement possible. Ne sous-estimons pas la puissance d'être excité par la personne qui partage notre vie, par les sensations divines que peuvent nous procurer le fait de penser à elle et le désir de la retrouver, un peu plus tard, pour un rendez-vous amoureux.

Vous l'aurez compris, je considère la sexualité comme le langage amoureux ultime et je crois que sa réussite découle d'une intelligence réciproque d'attention, d'écoute et d'ouverture. La responsabilité individuelle est une valeur fondamentale pour l'atteindre : nous devons par exemple veiller à ne jamais considérer l'autre comme acquis et à entretenir un rapport de séduction éternel. Pas seulement grâce aux artifices que sont les cadeaux matériels, mais dans l'organisation de moments qui n'appartiennent qu'à vous, et qui n'ont pas d'autres vocations que celle de créer de la connexion, du plaisir et du partage. Je pense qu'explorer également et parallèlement ses propres fantasmes, dans son imaginaire (ou pas), permet de ramener au sein du couple une excitation nouvelle, un imaginaire enrichi par de nouvelles envies.

Il n'est donc pas seulement conseillé de fantasmer en dehors du couple : c'est une règle de survie essentielle pour entretenir un désir évanescent. Il est grand temps de mettre un coup de balai sur nos culpabilités et nos désirs de totale transparence au sein du couple, car s'accorder un imaginaire érotique et préserver un jardin secret sont des clefs fondamentales pour préserver le mystère qu'est l'amour. Raviver la flamme, c'est aussi ramener des braises extérieures, dans ce qu'on considérera comme notre socle d'amour : le couple.

« JE NE POUVAIS PLUS ENTREVOIR LA MOINDRE
DIFFÉRENCE ENTRE SON CORPS ET LE MIEN.
JE NE POUVAIS PLUS VOIR ENTRE SON CORPS
ET LE MIEN QU'UNE SIMILITUDE HURLANTE.
SON CORPS ÉTAIT DEVENU LE MIEN,
JE N'ARRIVAIS PLUS À L'EN DISCERNER.
J'ÉTAIS DEVENUE LA NÉGATION VIVANTE DE LA RAISON.
ET TOUTES LES RAISONS QU'ON AURAIT PU OPPOSER
À CE MANQUE DE RAISON, JE LES AURAIS BALAYÉES,
ET COMMENT, COMME CHÂTEAUX DE CARTES, ET COMME,
JUSTEMENT, DES RAISONS PUREMENT IMAGINAIRES.
QUE CEUX QUI N'ONT JAMAIS CONNU D'ÊTRE AINSI
DÉPOSSÉDÉS D'EUX-MÊMES ME JETTENT
LA PREMIÈRE PIERRE.
JE N'AVAIS PLUS DE PATRIE QUE L'AMOUR MÊME. »

Marguerite Duras,
Hiroshima mon amour

13. L'IMPORTANCE DU MENSONGE

Ou comment conserver un jardin secret

*« Il faut se prêter aux autres
et se donner à soi-même. »*

Montaigne

Dans les sociétés traditionnelles, les enfants sont élevés par la tribu, et on ignore parfois l'identité du papa, surtout quand la femme a plusieurs partenaires. Lorsque nous n'avons pas besoin d'être dans la certitude de sa descendance, en l'absence d'héritage matériel ou financier, la monogamie ne représente pas le schéma parental prédominant. Les enfants sont alors élevés par le groupe, plutôt que par l'individu.

Si j'entame ce chapitre avec la notion d'exclusivité sexuelle en matière d'amour, en évoquant des modèles polygames qui fonctionnent, c'est pour nous permettre de toucher à un tabou présent dans nos sociétés occidentales, à savoir celui d'autoriser – ou non – à soi et à l'autre, de garder une liberté d'action sur son désir et ses envies.

L'amour multiple

J'ai lu beaucoup de livres sur l'amour, exploré de nombreuses « règles des couples heureux ». Cependant, je me suis souvent sentie frustrée quant à la non-information autour du concept de garder pour soi ce qui compose notre jardin secret, notamment nos expériences en dehors du couple, de quelque nature qu'elles soient.

Aujourd'hui, de nombreux livres sont publiés au sujet de la philosophie du poly-amour, dans laquelle le fait de partager une intimité avec d'autres doit être assumé et partagé. J'imagine que tous les couples poly-amoureux sont différents sur ce qu'ils décident de livrer à l'autre de leurs expériences intimes. Cependant, j'ai souvent croisé au sein de leur système de valeurs la transparence comme base de confiance entre les partenaires. Je souhaite donc ouvrir une nouvelle voie : celle de l'autorisation à vivre différentes manières d'aimer en dehors du couple, réelles ou imaginaires, et à les garder pour soi.

Je m'explique : nos vies sont composées de multiples sources d'amour, nécessaires à notre épanouissement. Comme le dit la chercheuse Barbara Fredrickson, dont nous parlions précédemment, « il faut tendre à multiplier les micro-moments de résonance positive ».

L'amour doit répondre à deux besoins fondamentaux : la sécurité et l'aventure.

Nous l'avons également abordé, notre partenaire de vie ne peut pas tout être et tout représenter pour nous, du simple fait qu'il est lui-même, et pas l'humanité tout entière. Il est même impensable, selon moi, de tout miser sur la même personne afin d'être heureux.

Nous l'avons évoqué, l'amour doit répondre à deux besoins fondamentaux : la sécurité et l'aventure. D'ailleurs, le désir reste intact lorsque l'autre a la sensation qu'on ne lui appartiendra jamais complètement, parce que nous incarnons à ses yeux une forme de liberté intrinsèque.

Les hommes de ma vie m'ont souvent dit que j'étais comme un cheval auprès duquel on pouvait décider de galoper, sans chercher à le retenir, sous peine de rompre définitivement le lien. J'ai l'ultime sentiment que je n'appartiens qu'à moi-même, et qu'aucun autre, aussi intime soit-il, ne détiendra sur moi un droit de propriété.

Dans la gestion de nos vies amoureuses, on se loue, on s'achète, on se possède ; sauf que l'amour, dans sa substantifique moelle, déteste se sentir ligoté et contraint. Il a besoin de respirations, de grands espaces, de couleurs et de saveurs, jusqu'alors inconnus. C'est exactement à ce niveau-là qu'intervient pour moi l'importance du jardin secret. En cultivant, comme Candide, votre jardin, vous y découvrirez une nature merveilleuse et inconstante, dont la splendeur donnera envie à l'autre d'être sans cesse en conquête.

L'amour est une aventure, pas juste une cohabitation. À force d'étouffer votre désir de vivre pour vous-même au sein de l'engagement d'amour, vous vous sentirez très vite pris de symptômes tels que le manque de libido, une pesante routine, l'envie de fuir l'intimité avec l'autre pour ne pas être confronté à ce que vous tentez d'échapper : vous-même. Saviez-vous que les couples qui n'ont plus de sexualité pendant quelques années trouvent des subterfuges pour ne plus aller se coucher à la même heure, et échapper ainsi à la prise de conscience que la flamme est vacillante, voire éteinte ?

Protéger son jardin secret n'est pas une option, mais la condition nécessaire à la sauvegarde de notre individualité face à la menace pesante de se dissoudre en l'autre, sans pouvoir se sauver soi-même. La totale transparence n'est pas toujours une preuve d'honnêteté, puisqu'elle vous trahit parfois vous-même, dans les secrets dont vous êtes en droit absolu de taire l'existence. Ma croyance est que nous sommes libres en amour de rester opaques et mystérieux à certains endroits.

Venir répéter sagement la vérité sur ce que nous traversons est finalement très infantilisant. Nous avons été conditionnés de manière assez binaire à considérer la vérité comme toujours bonne à dire et à condamner le mensonge.

La fidélité à soi

J'ai adoré que mes parents me mentent pour me faire croire à la magie de Noël ou à la petite souris qui glisse un cadeau sous l'oreiller contre une dent de lait. J'ai apprécié que ma maman me protège de certaines vérités trop violentes à intégrer lorsqu'on est enfant, ou qu'elle me renvoie à chaque instant la sensation qu'elle avait les choses en main, même si ce n'était pas toujours le cas.

Le mensonge fait partie de nos vies depuis toujours, et il nous a souvent été favorable, sans même que nous en ayons conscience.

Dans les couples que j'ai pu former, j'ai souvent dit à mes partenaires que je souhaitais qu'ils me protègent des choses qui leur appartenaient. Et a contrario, je souhaitais qu'ils me parlent avec sincérité des choses importantes pour faire avancer le couple et notre compréhension mutuelle. Je suis une femme très sincère, qui assume de se dire au monde, sans crainte du rejet, sans porter de masque. J'ai toujours été guidée par une grande spontanéité qui me pousse, le plus souvent possible, à parler librement, avec mon cœur. Mais comme la vie est faite de contrastes, je suis cette facette-là et son absolu contraire. Malgré l'idée qu'on pourrait lire en moi comme dans un livre ouvert, j'ai appris à garder certains chapitres pour moi, scellés dans le coffre de mon jardin secret.

Nous aurions pu intituler ce chapitre « La fidélité à soi » car selon moi, c'est exactement ce que permettent dans certains cas le mensonge et l'omission de détails. Malgré le fait d'avoir choisi une voie professionnelle qui m'expose et attire les projecteurs sur certaines parties de ma vie, je choisis avec pertinence ce que je mets en lumière et ce que je laisse dans l'ombre.

Il est important à mes yeux d'être lisible, ce qui permet aux autres de percevoir ce que je peux ressentir, mais aussi de taire intentionnellement certaines choses pour m'offrir toujours à moi-même la primeur de cet espace.

Se taire pour mieux se dire

Se dire au monde tout en se gardant à soi est un subtil équilibre qui, selon moi, fonde l'amour sur des bases pérennes. Nous avons consacré un chapitre entier à envisager l'amour comme un secret, dont les complices sont les partenaires du couple, et seuls garants de sa bonne dynamique.

Se dire au monde tout en se gardant à soi est un subtil équilibre.

Sur le même modèle, nous pouvons envisager que dans notre dynamique avec nous-même doit survivre une part de mystère. D'ailleurs, je n'ai pas toujours la sensation de me saisir totalement, je m'explore comme un continent dont je découvre chaque jour de nouvelles terres, dont je n'avais moi-même pas conscience. J'amène ensuite ces nouvelles contrées dans l'engagement amoureux.

Vous avez le droit en tant qu'individu d'être tantôt opaque, tantôt transparent, et de développer la capacité de choisir et d'alterner entre les deux selon les situations. Cela représente pour moi une des règles fondamentales de la réussite d'une union amoureuse. Apprendre à se dire, et parallèlement savoir se taire pour ne pas faire porter à l'autre la responsabilité de ce qui nous incombe, sont tout autant nécessaires.

Je vais vous donner un exemple. Dans un de mes couples, mon amoureux rentre une fois en pleine nuit et me dit au petit-déjeuner : « Hier soir, j'étais en colère, je suis sorti picoler avec des amis et j'ai embrassé une autre femme que toi. En le faisant, j'ai réalisé mon erreur et je suis expressément venue te retrouver. » Le fait est que nous sommes tous différents et pouvons établir des règles au sein de notre vie amoureuse qui sont en accord avec nos valeurs profondes. Cependant, ces valeurs-là sont souvent teintées de nos blessures non prises en charge. On se positionne donc parfois sur ce qu'on pense être une valeur, alors que cela traduit en fait une blessure émotionnelle et un sentiment d'insécurité. Dans ce cas précis, je suis restée très calme face à cette annonce et j'ai dit à mon amoureux de l'époque : « Ce sont des choses qui arrivent, je ne t'en veux pas mais j'aurais davantage apprécié que tu le gardes pour toi ; sachant que la conclusion de ton expérience est que tu es amoureux de moi et que tu as eu envie de me retrouver. »

Si je vous confie cela, ce n'est pas pour vous raconter ma vie impudiquement, mais pour que vous réalisiez que toutes les vérités ne sont pas bonnes à dire, et que dans ce cas précis, on me l'a presque imposée. Je préfère être protégée de certaines vérités car tout simplement, ce ne sont pas les miennes, et que je n'ai pas à les porter, ni à les assumer.

« ELLE AVAIT PEUR QUE LA NUIT FÛT TROP CLAIRE
ELLE AVAIT PEUR QUE LE VIN FÛT GRISANT
ELLE AVAIT PEUR SURTOUT DE LUI DÉPLAIRE
SUR LA COLLINE OÙ FUYAIENT DES FAISANS

N'AIMES-TU PAS LE VELOURS DES MENSONGES
IL Y A DES FLEURS QU'ON APPELLE PENSÉES
J'EN AI CUEILLI QUI POUSSAIENT DANS MES SONGES
J'EN AI POUR TOI DES COURONNES TRESSÉ »

Louis Aragon,
Les yeux d'Elsa

14. LA CRAINTE D'AIMER

Ou pourquoi soigner ses blessures permet de mieux aimer

« L'Amour est une surprise
qui nous arrache à l'insipide. »

Boris Cyrulnik

L'amour est une évidence… jusqu'à ce qu'il nous explose à la figure, laissant parfois quelques bouts de nous éparpillés pour une durée indéterminée. Car l'amour peut faire mal, je ne vous apprends rien, mais en y regardant de plus près, j'ai réalisé que ce n'était pas l'amour qui heurtait nos cœurs, mais bien les blessures profondes en nous, qu'il réanime instantanément.

Blessures anciennes

Dans la dimension d'amour, il n'y a plus d'espace-temps, et lorsqu'on est touché en plein cœur dans tous les moments de micro-ruptures que connaît un couple, ce sont toutes nos douleurs profondes et nos cicatrices – a priori – refermées qui se rouvrent avec une violence inattendue. Il y a de l'ego dans l'amour, des failles narcissiques, des plaies incicatrisables, et parfois, nous décidons pour nous-même qu'il est préférable de ne pas creuser trop loin, pour ne pas souffrir davantage.

Cela peut nous arriver de mener ainsi des relations amoureuses sans fondement et sans réelle saveur. Le lien reste superficiel car on ne cherche plus à approfondir notre propre connaissance de nous-même, ni à grandir au contact de l'autre. On finit par emprunter des postures, porter des masques, et se répartir les rôles pour sauvegarder une simple entente, plus ou moins cordiale.

Les maladresses parentales que nous avons subies, le manque de repères et de sécurité affective, sont parfois tellement ancrés en nous que nous associons l'amour à la souffrance. Dans notre inconscient collectif trône ainsi l'idée que l'amour fait mal, et nous sommes nombreux à valider cette croyance dans nos schémas amoureux.

Le risque à prendre

Mais si l'amour fait si mal, pourquoi donc s'y risquer ? Évidemment, l'inconscient se garde bien de nous révéler qu'il est porteur d'une croyance si lourde de conséquences, c'est pourquoi nous pouvons rester coincés longtemps dans des relations qui nous font souffrir.

Nous devrions apprendre dès l'école l'importance de la vulnérabilité dans le processus d'amour. L'amour nous fout à poil, et c'est à la fois grisant et terriblement effrayant… Il faut accepter de se jeter dans le vide pour réellement apprécier la chute libre. Si l'on résiste à l'amour, d'une quelconque façon, l'amour nous résiste. C'est aussi simple que ça, et en même temps si subtil et complexe à appliquer.

L'amour nous façonne, nous défait, pour mieux nous inventer. Il demande d'avoir en soi beaucoup de courage et de détermination, car le chemin vers lui est plein de remise en question et d'humilité. Sans amour ni attention, l'humain ne peut pas survivre ; mais guidé par l'amour et la reconnaissance, il peut sublimer sa vie, car il n'y a rien de plus précieux que d'aimer et d'être aimé.

Alors au fond de nous-même, nous confondons tout. Nous mélangeons amour et blessures, exclusivité et engagement, lien et appartenance. Nous tirons des conclusions plus vite que notre ombre, et nous nous résignons à vivre des histoires d'amour sans conscience et sans clarté.

Nous mélangeons amour et blessures, exclusivité et engagement, lien et appartenance.

Savoir dire, savoir écouter

Nous évoquions plus haut l'importance du mensonge, je vous parlerai maintenant de la nécessité de se dire dans le lien amoureux, de livrer à l'autre ce que nous ressentons avec courage et sincérité. Cette condition va de pair avec un autre apprentissage : celui de comprendre l'autre, en écoutant véritablement ce qu'il nous dit, mais aussi en respectant ce qu'il préfère taire.

Il est évident que nous avons peur d'être déprécié et d'être abandonné, car nous savons combien il est douloureux de vivre avec le vide laissé par l'amour après la rupture. Nous l'avons déjà évoqué plus haut. Cependant, nous devons apprendre à laisser l'autre nous expliquer ce qu'il ressent de désagréable dans le lien, et à reprendre la responsabilité de ce qui nous appartient.

Nous préférons souvent avoir raison que d'être heureux, et faire la sourde oreille aux remarques de l'autre pour ne pas avoir à y faire face. La colère que peut provoquer le fait d'être remis en question est symptomatique de ce besoin que nous avons tous de ne pas « perdre » la partie, et la face par la même occasion. L'amour se joue parfois comme un jeu d'échecs, pendant lequel nous tentons d'opter pour les meilleures stratégies afin d'en sortir indemne. Et cette tactique implique souvent des manipulations conscientes et/ou inconscientes visant à nous protéger.

Nous préférons souvent avoir raison que d'être heureux.

Dans le livre de Pascale Piquet *Gagnez au jeu des échecs amoureux*, on retrouve la métaphore d'un affrontement de pions, où chacun suit sa propre stratégie. L'auteure nous montre pourtant que nous pouvons apprendre quelques règles simples afin d'en sortir tous les deux gagnants. Dans certains cas, le roi et la reine sont incarnés par des individus équilibrés, qui ont appris à s'aimer eux-mêmes et qui ont déjà trouvé un équilibre global, en l'absence de l'autre. Mais pour une grande majorité des autres, « c'est la névrose qui fait le casting ».

Pascale Piquet prend l'exemple de l'archétype du *desperado*, qui donne sans recevoir car il n'a pas conscience de sa valeur, et trouverait toutes les stratégies possibles pour être aimé, allant jusqu'à créer de la dette. Ce type de personnes rencontre souvent en face ce que Pascale Piquet a nommé des *trous noirs*, qui prennent sans donner, par compulsion et mal-être. Nous avons – plus ou moins – tous fait des rencontres et formé des couples de ce genre, où nous avions la sensation que l'autre nous ponctionnait toute notre énergie positive et vitale.

Évidemment, avec les années et l'expérience, nous sommes plus à même de poser les bonnes pierres à l'édifice de ce que nous méritons vraiment. Cependant, je me questionne sur un point : l'amour inclut-il une notion de mérite ? Je crois qu'il implique surtout, et encore une fois, la notion de responsabilité. Si nous formons un couple avec un autre qui ne nous ressemble en aucun point et ne partage ni notre vision de l'existence, ni nos valeurs profondes et nos croyances, nous ne pouvons pas décemment imaginer que ce ne sera pas à un moment donné la guerre. Le fait de se ressembler facilite et fluidifie le lien amoureux. On ne parle évidemment pas d'être des copies conformes mais de simplement comprendre que si nous n'avons pas la même vision des choses, sur des points essentiels, ça ne pourra que difficilement fonctionner…

Pour reprendre les mots de Pascale Piquet et conclure ce chapitre, « l'amour est durable lorsqu'il est gagnant-gagnant », c'est-à-dire sans compromis, ni sacrifice de soi.

« JE CROIS QU'IL NE NOUS EST POSSIBLE
D'AIMER QUE LORSQUE NOUS AVONS ACCEPTÉ
DE NOUS AIMER, LORSQUE NOUS SOMMES
DANS LA PLÉNITUDE DE NOUS-MÊME ET NON
DANS LE MANQUE ET LA DEMANDE,
QUAND IL NOUS EST POSSIBLE D'ÊTRE
DANS LE DON, L'OFFRE, LE PARTAGE. IL NOUS EST
POSSIBLE D'AIMER QUAND NOUS SOMMES PRÊTS
À RECEVOIR L'AUTRE TEL QU'IL EST. L'AMOUR COMPORTE
UNE PART D'INCONDITIONNALITÉ QUI NOUS FAIT ACCEPTER
L'IMPRÉVISIBLE ET L'INATTENDU, L'INCONNU ET LE RISQUE,
L'ÉMERVEILLEMENT ET LE DOUTE. IL NOUS EST POSSIBLE
D'AIMER LORSQUE NOUS ABANDONNONS NOS DÉFENSES,
QUAND NOUS RENONÇONS À LA MÉFIANCE,
QUAND NOUS NE NOUS ENFERMONS PAS
DANS LA POSSESSIVITÉ. »

Jacques Salomé,
Vivre avec les miens

15. TU JOUES OU TU JOUES PAS ?

Ou comment développer une communication bienveillante

« Je ne perds jamais.
Soit je gagne, soit j'apprends. »

Nelson Mandela

Dans la vraie vie, il est rare de croiser un Richard Gere qui fera de nous une *pretty woman*. Ce qu'on nous vend depuis toujours, dans les comédies romantiques et les romans à l'eau de rose, est bien éloigné des problématiques réelles que nous rencontrons dans l'amour. Récemment, j'ai vu passer un post qui m'a beaucoup interpellée sur les réseaux sociaux, publié par le compte Instagram « Balance ta peur », dont les engagements et les idées nourrissent souvent mes propres réflexions.

« Les cinq illusions toxiques du couple :
– l'autre doit deviner mes besoins et y répondre ;
– l'amour devrait suffire ;
– les difficultés sont les signes qu'il faut rompre ;
– il existe *la* bonne personne ;
– avec elle, tout devrait être simple et passionné[1]. »

Construire un couple demande un engagement sans faille, de la patience et une grande remise en question. « Rome ne s'est pas faite en un jour », votre couple non plus, et c'est normal. Le problème, c'est qu'on fuit la complexité. Nous sommes bien trop habitués à la victimisation, à l'infantilisation et au manque de responsabilité.

1. www.instagram.com/p/B8O6zINC89E/

Le courage de parler

Imaginez vivre à une époque où tout est accessible (ou presque) en un clic. Nous nous sommes habitués à l'immédiateté, et notre cerveau, en parfait boulimique du plaisir immédiat, y est accro. Imaginez tant de nos besoins aujourd'hui gérés, et pris en charge de manière instantanée, c'est vertigineux. Alors, on entend souvent dire que les jeunes générations ont perdu le sens de l'engagement et de l'effort, dont le coupable évident est cette société qui nous assure une assistance à toute épreuve, ainsi qu'un remplacement express d'à peu près tout ce que nous possédons.

De mon point de vue, les choses ne sont pas ainsi faites, car, comme souvent, on voit les choses à travers notre propre filtre. Je ne trouve cette nouvelle génération ni fainéante, ni désengagée, ni moins talentueuse qu'avant. Au contraire, ce qui est passionnant, c'est qu'elle a le choix : de s'inventer et de se réinventer, de se créer en fonction de ses propres règles. Sur le plan amoureux, c'est flagrant ! Nous sommes en train de créer de nouveaux modèles de vie en couple, une ouverture sur nos façons d'aimer et de vivre ensemble. Les modèles ne sont plus du tout les mêmes que ces cinquante dernières années.

Nous sommes en train de créer de nouveaux modèles de vie en couple.

Maïa Mazaurette, chroniqueuse sexualité pour *Le Monde* et auteure du livre *Sortez du trou*, développe que la vraie révolution amoureuse et sexuelle, c'est maintenant que nous sommes en train de la vivre. Au moment de l'arrivée de la pilule contraceptive, nous nous sommes libérés de la crainte de la grossesse, mais nous n'avons pas libéré la parole sur le *vrai* plaisir des femmes et des humains plus généralement.

Je me sens si chanceuse d'être une trentenaire en 2020, à une époque qui brandit le clitoris comme l'étendard de la libération orgasmique, et de la libération tout court. Je sens un immense mouvement des êtres vers ce qui les rend véritablement heureux. Nous nous inscrivons dans une quête de sens, à la poursuite de nos rêves, et les critères de réussite ne sont plus uniquement matériels et extérieurs.

La lutte pour plus d'égalité entre hommes et femmes est plus que jamais au cœur du débat. En écrivant ce chapitre, j'ai une pensée émue pour mon amie Astrid qui accouchera dans quelques mois et dont le compagnon n'aura le droit qu'à onze jours calendaires consécutifs au moment de l'arrivée du bébé. Trouvez-vous cela normal qu'une femme se retrouve seule le jour à s'occuper d'un nourrisson les dix premières semaines de sa vie et que le papa ne puisse pas correctement prendre sa place pour plus d'égalité dans les rôles, et plus de justesse pour les femmes qui portent seules ce fardeau sur leurs épaules ? La société est ainsi faite : pendant que certains dénoncent à tort un féminisme hystérisé, beaucoup prennent conscience des utopies d'égalité nécessaires à porter, pour que demain, elles deviennent des réalités.

Je suis persuadée de l'importance de faire entendre nos voix pour une société plus juste, et notamment du point de vue de nos mœurs amoureuses, et de ce que la société, dans le cadre qu'elle impose, permet ou condamne. Je rencontre beaucoup d'hommes et de femmes qui ne s'autorisent pas à vivre pleinement leur liberté d'être qui ils sont, en dehors de diktats, des codes moraux et sociétaux, et des stéréotypes de genre.

Chacun ses émotions

Nous nous sentons souvent victimes car nous passons le plus clair de notre temps à prendre pour nous ce qui ne nous appartient pas, notamment sur le terrain du couple. Cela m'évoque la force et la sagesse d'un des accords toltèques de Don Miguel Ruiz : « N'en faites pas une affaire personnelle[1]. » Par exemple, si votre patron est froid avec vous toute une journée, vous pouvez aisément penser qu'il vous en veut pour quelque chose, alors que finalement, il traverse juste un moment difficile et n'a pas envie de s'ouvrir.

Vous apprendrez à distinguer les messages qui vous concernent, et ceux qui ne vous sont pas destinés et qui ne doivent pas vous remettre en question.

Dans la relation amoureuse, c'est pareil ! Nous prenons souvent pour nous les émotions qu'exprime notre partenaire, ce qui crée un vaste malentendu. En prenant confiance en vous, vous apprendrez à distinguer les messages qui vous concernent, et ceux qui ne vous sont pas destinés et qui ne doivent pas vous remettre en question. J'irai même jusqu'à dire que certains propos de l'autre à notre égard n'ont rien à voir avec nous. Il nous est tous arrivé, sous le joug de la colère,

1. Ruiz Don Miguel, *Les quatre accords toltèques*, Jouvence, 1997.

d'exprimer des choses que l'on ne pensait pas vraiment, mais dans l'émotion, nous n'avons pas su les contenir.

Communication consciente

J'ai été marquée par le livre *Une passion* de Christiane Singer, dont voici un extrait : « Tout ce qui a été écrit sur Terre, dit, murmuré, hurlé, crié, parle d'amour. Même si en apparence il n'est question que de désaccords, de stratégies, de malentendus, de guerres, de politiques et de pouvoirs, le vrai sujet est l'amour[1]. »

Se cristallisent autour de nos problématiques relationnelles différentes choses : notre détresse affective et celle de ceux qui nous ont précédés, nos enjeux de reconnaissance et notre besoin de sécurité. Les couples se font souvent la guerre sur des sujets comme l'argent et la sexualité, nous l'évoquions plus haut, mais aussi sur une multitude d'autres petits sujets de la vie de tous les jours (le ménage, la lunette des toilettes, le portable, la voisine, etc.). Il suffit de questionner les humains sur leurs difficultés relationnelles pour comprendre que le conflit se crée et s'entretient sur des broutilles du quotidien, qui cachent évidemment des enjeux plus profonds. Comme on dit, « c'est l'arbre qui cache la forêt ».

On se rend la vie impossible sur le choix d'un lit, parce que l'un le veut de grande qualité et que l'autre préfère ne pas investir beaucoup d'argent, car de toute façon, « on le changera dans quelques années donc ça ne sert

1. SINGER Christiane, *Une passion*, Albin Michel, 1992.

à rien ». On se mure alors dans le silence, ne réagissant pas sur l'instant et préférant céder sur ce qui nous semble une entorse à nos principes profonds (dans ce cas précis, s'offrir le meilleur confort). Mis bout à bout, ces minuscules fausses concessions (je dis « fausses » parce qu'elles ne sont pas gratuites et engendrent de la dette) finissent par devenir un torrent, et dès que l'occasion se présente, nous explosons et faisons payer à l'autre « ce qu'il nous a fait sacrifier ».

Il est intéressant d'observer cette dynamique qui pousse ensuite les individus à s'engueuler « pour un oui ou pour un non » et à formuler sans réfléchir des phrases pour blesser l'autre et se venger de ce qu'il leur a fait « endurer ». La communication violente est un jeu dangereux, car elle vient ternir le lien d'amour. Personnellement, j'ai toujours trouvé choquant de voir deux personnes qui s'aiment se crier des insultes, au milieu de critiques blessantes et injurieuses.

Au lieu d'attendre d'exploser pour exprimer à l'autre, n'importe comment, ce que vous avez sur le cœur, faites-le pendant les moments d'accalmie et choisissez vos mots, parlez avec un « je » pour mieux vous faire entendre. Vous verrez que les « conflits poubelles », ces petites disputes du quotidien, a priori banales mais qui dissimulent des non-dits plus profonds, cesseront au fur et à mesure que vous apprendrez à communiquer entre vous.

Dans les disputes, la plupart du temps, l'autre vous parle de lui, rarement de vous. Cependant, j'y ajouterai la subtilité qu'il vient souvent toucher en vous des situations que vous avez déjà traversées (blessure d'injustice, manque de reconnaissance, etc.), recréant une systémique familière, vous permettant ainsi consciemment de réécrire l'histoire en la regardant différemment. Ce n'est jamais une punition mais toujours une invitation à un ajustement meilleur, car il n'est ni naturel, ni simple, de se mettre à vivre en parfaite harmonie aux côtés d'un imparfait inconnu. Cela réveille forcément des souvenirs blessés, donc apprenez à faire preuve de plus de discernement, dans vos reproches à l'autre et dans ceux que l'on vous fait.

Même si l'illusion de l'amour nous pousse à croire qu'on se reconnaît, en substance, on ne se connaît pas, et un couple qui « marche » se fondera sur une profonde connaissance et reconnaissance de l'autre (et de lui-même).

« VOUS ME RENDEZ TERRIBLEMENT HEUREUX
EN ME PERMETTANT DE NE PAS ME COUPER EN DEUX
- EN LAISSANT VIVRE EN MOI L'ARTISTE,
SI L'ON PEUT DIRE, SANS POUR AUTANT LE FAIRE
PASSER AVANT L'HOMME, L'ANIMAL, L'AMANT AFFAMÉ,
INSATIABLE. AUCUNE FEMME NE M'A JAMAIS ACCORDÉ
TOUS LES PRIVILÈGES DONT J'AI BESOIN
- ET VOUS, VOUS M'APPELEZ SI GAIEMENT, SI FIÈREMENT,
EN RIANT PRESQUE ; OUI, VOUS M'INVITEZ
À ALLER DE L'AVANT, À TOUT OSER,
À ÊTRE MOI-MÊME. »

Anaïs Nin et Henry Miller,
Correspondance passionnée

16. ON S'EST « MAL-ENTENDUS »

Ou pourquoi il est si difficile de faire couple aujourd'hui

« L'amour ne veut pas la durée ;
il veut l'instant et l'éternité. »

Friedrich Nietzsche

J'avoue avoir souvent sauté dans l'amour comme on saute d'une falaise haute de plusieurs mètres, dans une cascade d'eau, gelée et profonde, sans brassard et sans filet, avec un courage et une dextérité proche de l'inconscience.

J'ai souvent emménagé rapidement avec les hommes qui ont partagé ma vie, et/ou réalisé à leurs côtés des projets d'envergure, pour lesquels je ne ressentais pas la nécessité d'attendre quelques années pour « être sûre ». J'étais toujours sûre de moi, et de nous, dans l'instant, et rien n'aurait pu m'arrêter, même pas l'avis de ma psychothérapeute de l'époque, pour qui un couple « n'est pas prêt à construire de grands projets, avant minimum trois ans de relation ».

Mon amie Mathilde m'a un jour dit : « Tu es une kamikaze de l'amour, tu te brûles les ailes mais cela ne suffit pas à te décourager et tu replonges tête baissée dans de nouvelles histoires. Non sans conscience mais sans peur. » Je n'ai pas peur de souffrir car j'ai l'intime conviction que la souffrance m'appartient, et qu'avoir mal n'est finalement qu'un choix, souvent inconscient, mais un choix quand même, sur lequel j'ai un levier d'action.

Il n'y a pas de hasard aux rencontres, mais de véritables rendez-vous d'ajustements personnels.

La baguette magique qu'est ma responsabilité me rappelle à chaque instant qu'il n'y a pas de hasard aux rencontres, mais de véritables rendez-vous d'ajustements personnels, qui m'assurent d'avoir à chaque fois des airbags solides. Je crois qu'on souffre au contraire lorsqu'on se résigne, lorsqu'on se sent victime d'une situation amoureuse intolérable et qu'on n'entrevoit pas encore la solution de reprendre notre part du problème, à l'endroit souvent opaque et sombre où nous l'avons créé sans en avoir conscience.

Albert Einstein nous dit qu'on ne peut pas trouver une solution dans les mêmes circonstances qui ont créé le problème. Dans l'amour, il faut apprendre à amener du recul et de la hauteur car on ne voit jamais bien les choses, quand on est encore collé à quelques millimètres d'elles.

Le projet « couple »

Nous le disions plus haut, si l'amour semble un état naturel lorsqu'on le rencontre, le couple, lui, n'en est pas la conséquence évidente. La première étape consiste sûrement à le reconnaître, et à prendre conscience que nous galérons tous à trouver un équilibre, plus ou moins stable et épanouissant, dans nos vies conjugales.

> **Si l'amour semble un état naturel lorsqu'on le rencontre, le couple, lui, n'en est pas la conséquence évidente.**

Je me sens le devoir, à travers ce livre, de vous déculpabiliser de rencontrer de la difficulté dans les couples que vous formez, et je prendrai à mes côtés comme témoin le docteur Philippe Brenot, en prenant appui sur son excellent livre *Pourquoi c'est si compliqué l'amour ?*, qui explicite bien des causes et origines de nos malentendus amoureux : « La plus grande révolution sociétale depuis le début de l'humanité a eu lieu en Occident dans l'après-Seconde Guerre mondiale avec la naissance du sujet qui prend son autonomie et s'individualise vis-à-vis du groupe (clan, famille). Les femmes s'affranchissent de leur tuteur (père puis mari). Apparaît alors une nouvelle structure sociale : le couple nucléaire fait de deux sujets désirants qui se sont choisis et pratiquent une double séparation : avec les ascendants qui ne décident plus des choix de leurs enfants ; avec les descendants, s'ils veulent conserver la dimension érotique du couple, rester amants[1]. »

À la lecture du livre de Philippe Brenot, psychiatre anthropologue et thérapeute de couple, j'ai pris conscience de l'escroquerie des générations passées, qui nous racontent que nous ne sommes plus capables de former des couples qui durent comme autrefois. Comme explicité dans l'extrait de son livre cité plus haut, le couple qui se fonde sur un véritable choix d'amour et qui célèbre des anniversaires de mariage de plus de cinquante ans est finalement très récent. Et ce modèle est devenu, en quelques décennies, obsolète, ou en tout cas, difficilement atteignable face à la fulgurante évolution de notre société qui prône maintenant davantage la quête individuelle que la collaboration amoureuse. Avant, l'espérance de vie était réduite par des conditions

1. Brenot Philippe, *Pourquoi c'est si compliqué l'amour ?*, Les Arènes, 2019.

de santé instables, mais également par le fait d'aller faire la guerre pour les hommes, et le fait de donner la vie au péril de la leur pour les femmes : « Au Moyen Âge, un couple partageait en moyenne treize années de vie commune (...), vingt-cinq au XVIIe siècle, trente au XIXe siècle et quarante en 1900 », explique l'auteur.

Questions de générations

Jacqueline et Albert, mes deux grands-parents maternels, se sont rencontrés en 1941, dans une France en pleine période d'occupation allemande. Mon grand-père, âgé de 19 ans, était alors résistant et implanté dans la ville de Bordeaux. Ma grand-mère, alors âgée de 16 ans, travaillait quant à elle dans un magasin de chaussures pour subvenir à son niveau au revenu familial dans un contexte de guerre.

Lorsque mes grands-parents se croisent pour la première fois, ils tombent instantanément amoureux et se fréquentent en douce, jusqu'à ce que le père de ma grand-mère le découvre et n'apprécie pas du tout la nouvelle. J'ai un souvenir marquant de ma grand-mère qui me racontait avoir été giflée par son père, en public je crois, lorsque ce dernier apprit que sa « jeune » fille de 16 ans flirtait déjà avec un garçon, ce qui lui semblait totalement prématuré.

Quelques mois plus tard, Albert, mon grand-père, a suivi les règles de l'époque et est allé demander à mon arrière-grand-père l'autorisation de fréquenter sa fille, ce que ce dernier accepta. Trois ans plus tard, ils se sont mariés et ont vécu toute leur vie ensemble, une histoire d'amour tendre et émouvante, jusqu'à ce que la mort les sépare, puis les rassemble…

Mes parents, eux, sont nés au début des années 1950, pile à la jonction entre une société traditionnelle en matière de mœurs amoureuses et la société moderne que décrit Philippe Brenot. D'ailleurs, ils ont rencontré les mêmes enjeux que ceux que l'on rencontre aujourd'hui : incarner des couples « nucléaires », c'est-à-dire formés de deux individus à égalité de droit, et dont les rôles ne sont pas prédéfinis par la société, à une époque où nous étions peut-être moins documentés sur ce que cela représente.

Mes parents n'ont pas eu l'occasion d'être véritablement heureux ensemble, même s'ils ont tenu bon plus d'une dizaine d'années. Je pense qu'ils ont vécu d'intenses moments de complicité amoureuse et beaucoup de grandes émotions communes, ne serait-ce que celles de mettre deux enfants au monde. Mais sur le fond, ils ne se sont jamais vraiment compris, et sont restés bloqués des années sur un malentendu perpétuel. Les causes étaient multiples : l'argent, le manque de présence, de responsabilité, pour les raisons qui leur sont conscientes… mais se peignaient également en toile de fond un basculement total du rôle de chacun au sein du couple, une libération de la femme et de sa condition et un début d'affaissement de la domination patriarcale. Ils ont été les victimes de ce basculement d'époque, car ils en étaient les pionniers. Je les considère même comme les « crash tests » de cette révolution culturelle amoureuse, et leur génération n'a pas eu réellement de modèle auquel se référer en la matière.

Certains couples, dont les partenaires ont aujourd'hui 70 ans, ont « survécu » aux nombreuses années de mariage et à la venue au monde de leurs enfants. Pour les plus chanceux d'entre eux, ils ont même réussi à faire perdurer une sexualité épanouissante, un respect et un intérêt mutuels. Cependant, ce qu'il est intéressant d'observer, c'est que les couples de cette génération (donc de celle de mes parents) qui ont tenu le coup sur le long terme incarnaient souvent des valeurs communes avec l'ancien modèle, à savoir une répartition des rôles assez définis dans le couple et une organisation conjugale à toute épreuve. Car il est passionnant de réaliser qu'à une époque où la répartition des tâches et des rôles était beaucoup plus organisée, les zones de malentendus étaient moindres puisque chacun savait ce qu'il avait à faire et à incarner au sein du lien, et reconnaissait facilement son utilité, intime et sociale.

Ce n'est pas vrai que c'était mieux avant et lorsque j'entends parfois, assise à la terrasse d'un café, des personnes déplorer le manque d'engagement marital et amoureux de notre société actuelle, je réalise que je ne me sens absolument pas en accord avec cette idée.

En premier lieu, être une femme à l'époque de ma grand-mère signifiait vivre sous le joug d'un homme, et même si, dans son cas, elle a vécu un mariage heureux car auprès d'un compagnon gentil, respectueux et dévoué, ce n'était pas le cas de toutes les femmes dans leur union.

En second lieu, nous n'avions le choix que d'incarner les rôles que la société attendait de nous : hommes comme femmes, nous étions donc coincés dans un modèle qui ne collait pas toujours au fonctionnement naturel de chacun.

En résumé, c'était plus simple de fonder un couple et un mariage à une époque où les rôles étaient clairs et répartis, mais je trouve que c'est infiniment plus passionnant de vivre à une époque où nous pouvons les créer, les inventer et les réinventer, et où les quêtes individuelles respectives sont au centre de l'équilibre commun. Même si cela représente, pour nous tous et les générations à venir, un challenge à relever afin d'atteindre une nouvelle vision du couple, à la fois libre et engagée.

« LA VRAIE AVENTURE DE VIE, LE DÉFI CLAIR ET HAUT
N'EST PAS DE FUIR L'ENGAGEMENT MAIS DE L'OSER. LIBRE
N'EST PAS CELUI QUI REFUSE DE S'ENGAGER. LIBRE
EST SANS DOUTE CELUI QUI AYANT REGARDÉ EN FACE
LA NATURE DE L'AMOUR – SES ABÎMES, SES PASSAGES
À VIDE ET SES JUBILATIONS – SANS ILLUSIONS,
SE MET EN MARCHE, DÉCIDÉ À EN VIVRE COÛTE
QUE COÛTE L'ODYSSÉE, À N'EN REFUSER
NI LES NAUFRAGES NI LE SACRE, PRÊT À PERDRE PLUS
QU'IL NE CROYAIT POSSÉDER ET PRÊT À GAGNER POUR
FINIR CE QUI N'EST COTÉ À AUCUNE BOURSE :
LA PROMESSE TENUE, L'ENGAGEMENT HONORÉ
DANS LA TRAVERSE SANS FEINTES D'UNE VIE D'HOMME. »

Christiane Singer,
Éloge du mariage,
de l'engagement et autres folies

17. REMPLACER LE BESOIN PAR L'ENVIE

Ou comment tirer bénéfice de nos différences homme/femme

« Un couple n'est pas fait pour s'entendre mais pour s'écouter. »

Grégoire Lacroix

Les questions existentielles qui se posent pour les générations actuelles en quête d'amour sont, selon moi, les suivantes :

– Quel couple sur mesure ai-je envie de créer ?
– Qu'ai-je envie de ressentir au sein de cette union ?

Nous l'avons évoqué plus haut : l'amour ne suffit jamais ni à faire tenir une union sur la durée, ni à assurer un épanouissement global des deux partenaires. Lorsque le couple avait des airs d'organisation professionnelle, nous savions pertinemment l'intérêt et l'utilité de notre présence auprès de l'autre. Aujourd'hui, les règles du jeu ont tellement changé qu'on peut vite avoir l'impression que les hommes et les femmes n'ont plus vraiment besoin de l'autre pour être heureux.

Et pourtant… l'amour reste l'amour et continue de créer en chacun de nous la quête ultime et absolue d'une vie. Vivre l'amour est un privilège extraordinaire ; aimer et se sentir aimé est la plus grande des bénédictions.

Des fonctionnements différents

Vous connaissez sûrement ce livre mythique, *Les hommes viennent de Mars, les femmes viennent de Vénus*, écrit par

John Gray[1], qui explicite les différences intrinsèques de fonctionnement entre les hommes et les femmes. Selon l'auteur, ces différences engendrent autant de difficultés relationnelles et d'incompréhensions.

Il est illusoire de penser que les hommes et les femmes fonctionnent de la même manière.

Il est illusoire de penser que les hommes et les femmes fonctionnent de la même manière, malgré le fait que, ces cinquante dernières années, ils aient commencé à accéder aux mêmes droits. Ce sont deux choses très différentes.

J'ai bien conscience qu'avec mon amoureux, nous n'avons pas toujours envie des mêmes conversations, et plus globalement des mêmes choses, dans le quotidien. En grande romantique que je suis, je pourrais passer des heures à parler d'amour, à philosopher sur la vie, et à fonder à ses côtés le récit de notre histoire. J'aime lorsqu'on partage nos émotions et qu'on nourrit nos envies, ou encore lorsqu'on passe des heures à s'étreindre avec tendresse et amour. Je sais que ça peut paraître cliché, mais c'est un fonctionnement que je remarque comme éminemment féminin, évidemment à quelques exceptions près.

Pour le docteur Philippe Brenot, il y a « un malentendu de langage ». Il explique : « Des différences existent, elles sont manifestes, tout le monde les constate : dans la manière d'être, de s'exprimer, la sensibilité, la relation

1. Gray John, *Les hommes viennent de Mars, les femmes viennent de Vénus*, Michel Lafon, 1994.

à l'autre, etc. Qu'elles soient partiellement de nature pour certaines, évidemment de culture pour toutes, peu importe, elles existent et nous ne devons pas les ignorer tant elles sont à l'œuvre dans les tensions du couple[1]. » Je crois que structurellement, les hommes et les femmes ne se nourrissent pas des mêmes besoins, car ils n'ont pas baigné dans les mêmes cultures sexuées et n'ont pas les mêmes référents.

Par exemple, les femmes entre elles aiment naturellement se confier sur beaucoup d'aspects intimes de leur vie. Je chéris d'ailleurs ma relation avec mes amies femmes, car cela m'apporte ce que je ne retrouve pas dans mon couple, en termes d'échanges et de partage d'émotions.

Les hommes, lorsqu'ils dialoguent entre eux, n'ont pas la même subtilité d'échanges et de conversations, d'ailleurs, vous rencontrerez peu d'hommes s'étendre sur leurs ressentis et leurs émotions, ou même chercher à interpréter et décoder le fonctionnement du sexe opposé. Car autant vous dire que c'est la grande obsession des femmes !

« Si les femmes se réfèrent à un langage de rapport et d'intimité, et les hommes de statut et d'indépendance, la communication entre hommes et femmes peut alors se comparer à une communication interculturelle[2] », explique la linguiste Deborah Tannen. Nous venons donc bien de deux constructions identitaires différentes, et je pense que l'abolition des rayons de jouets roses

1. Brenot Philippe, *Pourquoi c'est si compliqué l'amour ?*, Les Arènes, 2019.
2. Tannen Deborah, *Décidément, tu ne me comprends pas*, Pocket, 1993.

pour les filles et bleus pour les garçons ne suffira pas à abolir les différences – cela entraînera tout au mieux une plus grande exploration de deux univers.

Je ne trouve pas avilissant de penser que les femmes ne sont pas identiques aux hommes dans leur fonctionnement ; c'est même plutôt rassurant et cela explique bien des conflits dans nos quotidiens amoureux.

La curiosité pour l'autre

Dans son livre *On ne naît pas femme, on le devient,* Fabienne Brugère parle de l'importance pour chaque femme de rassembler des connaissances et de se constituer une culture de son propre genre[1]. Naître femme ne représente pas les mêmes enjeux que naître homme, et cela, absolument partout sur Terre.

Naître femme ne représente pas les mêmes enjeux que naître homme.

Dès mon adolescence, je me suis nourrie d'auteures féministes et engagées, dont les propos, parfois révolutionnaires à leur époque, ont posé les premières pierres à l'édifice de ma liberté actuelle, en tant que femme occidentale, française, née en 1990. Là où le puzzle se complexifie, et gagne même en intérêt, c'est que je partage mes origines entre la France et l'Iran, comme grand nombre d'entre nous, aujourd'hui métissés. J'ai alors parfois la sensation d'être davantage citoyenne du monde que simple ressortissante de mon pays de

1. Brugère Fabienne, *On ne naît pas femme, on le devient,* Stock, 2019.

naissance. Alors en tant que citoyenne du monde, je me sens concernée par le sort des humains partout dans le monde, notamment et avec encore plus d'évidence, par celui des femmes. Je connais mieux les enjeux de vivre en tant que femme que n'importe quel homme sur Terre, et inversement, une femme ne connaîtra jamais mieux qu'un homme l'expérience du masculin. Nous devrions développer le respect de ne pas parler à la place d'un genre que nous n'incarnons pas. Ce qui n'implique évidemment pas de s'empêcher d'avoir un avis.

Il y a quelques jours, j'ai pris l'apéro avec un ami qui m'a confié qu'il avait téléchargé une application pour suivre les cycles menstruels de sa copine. Il avait ainsi l'intention d'être plus attentif à ses fluctuations émotionnelles, et de l'accompagner avec bienveillance pour traverser au mieux les quelques jours de lune plus difficiles. Quand bien même subsistent des différences, nous pourrions faire un pas vers l'autre pour mieux comprendre et apaiser les malentendus.

Le couple ne représenterait-il finalement qu'un échantillon de ce qui se joue dans l'humanité entre hommes et femmes depuis bien trop longtemps ? Les luttes et les incompréhensions qui y règnent sont en tout cas assez similaires. Il est vrai que nous possédons en nous des parts féminines et masculines plus ou moins affirmées, et en ce sens, le genre tel qu'on nous le propose est encore trop stéréotypé ; ce qu'il serait intéressant d'envisager, ce sont les différences entre hommes et femmes, d'imaginaires et de constructions sociales. Ainsi, bien des incompréhensions seraient levées car on cesserait de penser que l'autre a compris, et nous prendrions le temps de lui expliquer qui nous sommes et ce que nous ressentons.

« MON AMOUR, JE NE SAVAIS PAS QUE ÇA POUVAIT ÊTRE COMME ÇA L'AMOUR. SARTRE, JE L'AI AIMÉ, CERTES, MAIS SANS VRAIE RÉCIPROCITÉ ; ET SANS QUE NOS CORPS Y SOIENT POUR RIEN. ALGREN, ÇA M'A BOULEVERSÉE QU'IL M'AIME ET MOI, JE L'AI BEAUCOUP AIMÉ AUSSI ; MAIS SURTOUT À TRAVERS L'AMOUR QU'IL AVAIT POUR MOI, ET SANS VRAIE INTIMITÉ ET SANS JAMAIS LUI ÊTRE DONNÉE AU-DEDANS DE MOI. (...) TU ES MON DESTIN, MON ÉTERNITÉ, MA VIE, MA JOIE, LE SEL ET LA LUMIÈRE DE LA TERRE. JE ME JETTE DANS TES BRAS ET J'Y RESTE SANS FIN. JE SUIS TA FEMME, À JAMAIS. »

Lettre de Simone de Beauvoir
adressée à Claude Lanzmann en 1953

18. FIANCÉS POUR LE MEILLEUR ET POUR LE PIRE

Ou comment dépasser une vision fusionnelle du mariage

« Quelque grief qu'on ait contre le mariage, on ne saurait lui refuser d'être une expérience. »

Oscar Wilde

« Le mariage, c'est la volonté à deux de créer l'unique » nous dit Friedrich Nietzsche. Je crois que cette phrase rassemble à la fois l'enjeu et l'écueil du mariage tel qu'on le voudrait aujourd'hui, dans notre société moderne.

Unique au sens d'une union amoureuse rassemblant une cohabitation apaisée, une sexualité stimulante et une complicité joyeuse… Évidemment, on parle ici de la théorie, car en pratique, on sait tous que cela demande beaucoup d'intelligence, d'écoute et d'imagination. Mais l'unique doit intégrer deux personnalités, deux fonctionnements, deux univers, deux genres (dans le cas des couples hétérosexuels), et des milliers de besoins et de désirs qui diffèrent. Ce n'est donc pas une mince affaire.

En prenant le temps d'analyser ce que je voulais réellement vivre au sein d'une union amoureuse, j'ai réalisé que je n'étais plus faite pour vivre des relations fusionnelles, avec un quotidien toujours à deux et peu d'espace de solitude. Je n'ai jamais su faire de compromis car il me semble complètement aberrant, voire suicidaire de délaisser une partie de soi pour mieux convenir à l'autre – nous en avons explicité plus haut les risques.

Il me semble complètement aberrant, voire suicidaire de délaisser une partie de soi pour mieux convenir à l'autre.

Célibataires en couple est né de cette envie de faire entendre une voix du milieu, qui allie les joies et avantages du célibat, avec l'extrême bonheur de la vie de couple. Je ne cherche pas à faire l'apologie de la vie en solo, car même si je la trouve épanouissante, j'aime infiniment l'idée de partager ma vie quotidienne avec un autre que j'aime et qui me correspond.

Pouvons-nous véritablement nous autoriser à vivre la vie que nous avons envie de mener, même à deux ? Vous imaginez bien que j'en suis profondément convaincue, sinon je ne serais pas là, à vous donner des pistes pour y parvenir.

Le sens du mariage

Le mariage n'a jamais fait partie de ma culture familiale proche, et je n'ai pas aspiré à une robe blanche devant l'autel, comme beaucoup de petites filles dès leur plus jeune âge. C'est en aimant l'amour que j'ai commencé à aimer le mariage, et celui auquel j'aspire ne prend la forme que de mes propres lois intérieures, fondées sur mes expériences et la connaissance des aspirations de mon cœur.

J'ai la croyance que se marier, dans la symbolique, implique d'avoir une foi, religieuse ou spirituelle, sinon cela revêt trop peu de sens. Si vous n'éprouvez pas cette foi, je saisis bien l'intérêt d'opter plutôt pour un pacs ou un concubinage. Beaucoup de personnes aujourd'hui ne se retrouvent pas dans les valeurs du mariage religieux, tel qu'il nous est proposé depuis des centaines d'années, et nous avons compris dans le chapitre précédent en quoi le modèle est aujourd'hui obsolète. À une époque où l'on plaçait Dieu, puis le père, puis le mari (dans cet ordre) comme les multiples chefs ayant autorité sur la femme, les enfants et plus globalement le foyer, il ne faisait pas bon vivre au sein d'une union maritale (surtout pour la féministe que je suis aujourd'hui et que j'aurais peut-être été à cette époque).

Je vais vous raconter le mariage tel que je l'imagine, constitué de trois entités : soi, l'autre et le couple. Dans cet ordre-là, non pas par égoïsme mais par respect pour nos individualités, et du bonheur qui peut découler de ce tout nouveau modèle.

Je crois qu'il est possible d'inventer un univers, au centre des deux mondes, que sont nos vies et nos contextes personnels ; et de planter dans le jardin de notre couple les fleurs et les fruits nés de l'alchimie des deux (oui, j'aime beaucoup les métaphores de jardinage !).

Lorsqu'on partage avec l'autre des goûts communs (et je crois que c'est assez indispensable pour que cela fonctionne), nous devons nourrir la terre de cet amour, avec des projets, des challenges et des aventures qui donneront un terreau fertile. Par exemple, on dit que le fait de partir en voyage avec l'autre est souvent révélateur de la compatibilité du couple. Tout dépend si vous optez pour un palace aux Seychelles ou une expédition dans la forêt amazonienne, car on ne sera évidemment pas sur le même type d'aventures, et donc d'expériences.

Lorsque nous sommes poussés en dehors de notre zone de confort, nous ne réagissons pas de la même manière car nous devons prendre en compte l'inattendu. Il y a des personnes qui adorent ça, et d'autres qui peinent à se laisser guider et à perdre le contrôle. On réalise ainsi, aux côtés l'un de l'autre, notre capacité commune à savoir gérer les « galères », et un quotidien sans repères.

Les incompatibilités

Il est intéressant de constater que dans notre vie quotidienne, nous employons beaucoup de stratégies pour ne pas être totalement l'un avec l'autre : les prétextes peuvent être la télévision, le travail ou encore les enfants… Lorsqu'on se retrouve tout à coup quinze jours totalement ensemble, à l'autre bout du monde, nous pouvons faire d'intéressantes découvertes sur ce que nous avons réellement à partager.

Pour certains couples, c'est la douche froide de réaliser l'incompatibilité de leurs deux personnalités. Si l'un aime passionnément partir à l'aventure et que l'autre aspire à des après-midi entiers près de la piscine sur une chaise longue, les tensions vont vite se faire ressentir. Plusieurs solutions sont alors possibles :

– La première consiste à ne pas faire de compromis et à laisser à chacun le loisir de faire ce qui lui tient à cœur, cela impliquant une grande indépendance de part et d'autre.

– La deuxième solution est de couper la poire en deux, et d'alterner entre les deux types de journée. Encore faut-il que l'autre se prête vraiment au jeu et ne vienne pas gâcher le bonheur de l'autre, qui est en train de vivre une expérience satisfaisante.

– La troisième possibilité est qu'un des deux partenaires renonce à faire ce qu'il aime et suive l'autre, souvent par volonté de ne pas décevoir.

Dans le dernier cas, ce qui se joue s'appelle le ressentiment… Il nous est tous arrivé, au sein des couples que nous avons formés, de nous forcer à suivre l'autre dans ce qu'il avait envie de faire, et d'avoir ressenti une forme de colère de ne pas s'être écouté.

Indépendance et partage

Je trouve que dans la relation de couple, la frontière est mince entre efforts et sacrifices. J'aspire à former un couple libre d'écouter en premier lieu ses besoins, sans causer des tristesses collatérales à l'autre de ne pas y être inclus.

Il est parfois compliqué de sentir la subtilité entre se forcer un peu pour faire plaisir à l'autre, et ainsi ressentir la joie d'avoir partagé une activité qui lui faisait plaisir, ou bien tout simplement s'écouter. Je crois que la solution se situe justement dans la compréhension que, pour qu'une histoire d'amour fonctionne, il ne faudra pas faire de compromis, mais ce que j'appellerai des *pas vers l'autre*. C'est si doux de sentir que la personne que l'on aime s'intéresse à ce qui nous procure du bonheur.

Lorsque je suis l'homme que j'aime dans ses envies, j'ai l'impression de partir à l'aventure, et de sortir de ma zone de confort. Lorsque je le perçois sous cet angle, je n'ai pas du tout la sensation de me sacrifier ou de perdre mon temps. A contrario, lorsque je sens qu'il est important de m'écouter, et que j'ai une personne compréhensive en face de moi, je m'excuserai moins de mettre en avant mes besoins, et serai plus apte en retour à écouter les siens et à les accepter.

Ne soyez pas en colère contre votre partenaire si vous avez la sensation qu'il ne s'intéresse jamais à ce que vous aimez, et posez-vous plutôt la question de comment instaurer une dynamique de partage, tout en restant indépendant et libre, de faire à d'autres moments, seul, ce que nous apprécions.

Pendant mes périodes de célibat, j'ai appris à satisfaire seule tous mes besoins de sorties et d'évasions : me faire un ciné un dimanche après-midi avec un énorme pop-corn, prendre un billet d'avion pour fêter seule le nouvel an à l'étranger… Je n'attendais plus la présence d'un autre pour réaliser ce qui me procurait de la joie.

Un couple doit être un terrain d'exploration.

Un couple doit être un terrain d'exploration, et si l'on choisit l'autre pour ce qu'il est, on le choisit également pour ce qu'il a à nous offrir, de plus sécurisant comme de plus challengeant. Indépendance et partage peuvent alors cohabiter sainement pour une vie de couple stimulante et apaisée.

« (...) IL Y A AU MONDE UNE CHOSE SAINTE ET SUBLIME,
C'EST L'UNION DE DEUX DE CES ÊTRES SI IMPARFAITS
ET SI AFFREUX. ON EST SOUVENT TROMPÉ EN AMOUR,
SOUVENT BLESSÉ ET SOUVENT MALHEUREUX ;
MAIS ON AIME, ET QUAND ON EST SUR LE BORD
DE SA TOMBE, ON SE RETOURNE POUR REGARDER
EN ARRIÈRE ET ON SE DIT : J'AI SOUFFERT SOUVENT,
JE ME SUIS TROMPÉ QUELQUEFOIS, MAIS J'AI AIMÉ.
C'EST MOI QUI AI VÉCU, ET NON PAS UN ÊTRE FACTICE
CRÉÉ PAR MON ORGUEIL ET MON ENNUI. »

Alfred de Musset,
On ne badine pas avec l'amour

19. NOTRE PATRIMOINE AMOUREUX

Ou pourquoi nos souvenirs sont notre plus grande richesse

« Un bon mariage serait celui
où l'on oublierait le jour qu'on est amants,
la nuit qu'on est époux. »

Jean Rostand

Je voudrais vous inviter dans ce chapitre à réfléchir à l'importance de ne pas seulement vous créer un patrimoine financier ou immobilier – je souhaite vous parler d'un patrimoine d'une tout autre nature, qui réunit sûrement vos richesses les plus précieuses. Nos moments d'amour n'ont pas de prix et ils ont à la fois une valeur inestimable, car ils nous rendent meilleurs.

Nos moments d'amour n'ont pas de prix et ils ont à la fois une valeur inestimable.

Des objets et des mots

Mon premier amour s'appelait Damien. Je l'ai rencontré pendant un voyage linguistique en Angleterre à 16 ans, et nos chemins ne se sont plus jamais quittés (pendant quelques mois). Après notre rupture, j'ai conservé une boîte à chaussures, dans laquelle j'ai rassemblé méticuleusement les objets que j'avais conservés de notre histoire : un vieux livre usé de Dino Buzzati, une pierre en forme de cœur et d'autres vestiges de notre amour d'adolescence.

Cela m'a inspiré l'idée d'en faire de même, mais avec mes amours vivants, ceux du moment. Je n'aime pas vivre dans le passé, et l'idée de conserver les souvenirs matériels d'une histoire consommée ne me ressemble pas. Je préfère imaginer que ma mémoire possède un *cloud* qui stocke ce qui ne m'est plus utile de garder en mémoire, notamment dans le domaine amoureux (ça me prendrait trop d'espace mental, au vu de ma passion pour l'amour et ses souvenirs heureux). Parce que, même si les objets matériels ne sont pas la seule chose qu'il nous reste de nos amours passés, ils font office d'ancrage de moments de vie parfois tendres, et souvent chaotiques. Je pense notamment aux lettres d'amour : qu'elles soient publiques ou secrètes, elles composent notre patrimoine amoureux à tous.

Vous me direz peut-être qu'à l'époque des réseaux sociaux, nous laissons peu de traces épistolaires de nos ébats amoureux. Morgane Ortin, fondatrice du compte Instagram « Amours solitaires », qui compte près de 740 000 abonnés, réunit des centaines et des milliers de textos d'amour anonymes, dont l'objectif serait de donner encore plus envie d'aimer et de le dire.

Car s'il y a bien quelque chose d'incroyable qui se produit lorsqu'on parle d'amour, c'est d'observer l'universalité de nos sentiments et de nos ressentis. La littérature a fait de l'amour son sujet de prédilection, car il anime, sans exception, tous les cœurs sur le même diapason. Nous frémissons tous à la lecture ou à l'écoute d'une belle histoire d'amour : d'ailleurs, les films et les livres sont en général meilleurs lorsqu'ils y incluent une part d'idylle amoureuse. Vous ne trouvez pas ?

Des moments surtout

Nos moments d'amour ne peuvent se vivre que dans l'instant, même s'ils sont éternellement gravés dans notre cœur. Entreprenez une pêche à la ligne des moments de joie qui ont fondé votre histoire d'amour actuelle, récoltez-les délicatement et conservez-les dans une bibliothèque imaginaire, dans un coin de votre esprit.

Souvent, nous sommes envahis par les problématiques du quotidien, le boulot, les enfants, la banquière, et nous en oublions de décrocher quelques instants pour se reconnecter au « nous » que nous formons avec notre partenaire de vie. Se créer des souvenirs communs n'est pas seulement important pour le couple, c'est également ce que vous léguez en premier lieu à votre descendance. Vous voir vous aimer, et être les témoins privilégiés d'une histoire d'amour, non pas parfaite mais sincère, est le plus bel héritage que vous puissiez transmettre à vos enfants.

Entreprenez une pêche à la ligne des moments de joie qui ont fondé votre histoire d'amour actuelle.

Beaucoup d'études scientifiques à ce jour démontrent que les enfants qui grandissent dans un foyer où les parents sont amoureux et épanouis ont un développement plus harmonieux et deviennent de futurs adultes munis d'une grande capacité au bonheur.

L'histoire familiale

En écrivant ce livre, j'ai passé de longues heures au téléphone avec ma maman pour mieux connaître l'histoire d'amour de ses parents, mes grands-parents, dont je n'ai eu la chance de connaître que ma grand-mère. Assez vite atteinte d'un Alzheimer lorsque j'étais adolescente, ma grand-mère n'a pas pu me léguer autant d'informations sur son passé amoureux que je l'aurais souhaité. Cependant, quelque chose d'étonnant a survécu chez ma grand-mère jusqu'aux dernières heures de sa vie : le souvenir profond de ce(ux) qu'elle avait toujours aimé(s), c'est-à-dire ses proches et le chocolat !

Dans la maladie d'Alzheimer, quelques souvenirs subsistent en nous comme une fenêtre de ciel bleu en pleine tempête. Ma grand-mère a tout perdu sauf l'essentiel, l'amour des siens et son sens inné du beau et du bon. Quel maître en la matière elle a été pour moi ! J'ai définitivement été à bonne école pour apprendre à jouir de la vie. Elle se souvenait toujours du moindre détail de ce qu'elle aimait chez moi : ma coquetterie, mes cils toujours maquillés, mon caractère bien trempé, et bien sûr notre complicité. Je n'oublierai jamais cette femme si inspirante, qui a bercé toute mon enfance par sa joie, sa tendresse et sa générosité.

En voulant m'inspirer pour écrire ces lignes, j'ai découvert que l'histoire d'amour de mes grands-parents fut de ces histoires de couples heureux qu'on aime raconter aux petits-enfants, et je suis honorée de recevoir aujourd'hui ce si précieux héritage.

Aujourd'hui, je ne collecte plus dans une boîte à chaussures les tickets de cinéma et les bibelots d'amoureuse, mais j'ai aménagé en moi un espace sacré, un temple de mes souvenirs avec l'homme que j'aime ; et il héberge plus largement tous mes souvenirs d'expériences d'amour avec mes proches et mes lointains. Grâce à ma grand-mère et à ce qu'elle m'a transmis, je sais que ce coffre-fort de souvenirs et d'empreintes est à jamais protégé du vide et de l'oubli. Et à mon tour, un jour, j'espère offrir à ceux qui me succéderont les trésors d'une vie amoureuse exaltante, et les premières pierres à leur propre édifice d'amour.

« JAMAIS IL N'AVAIT VU CETTE SPLENDEUR
DE SA PEAU BRUNE, LA SÉDUCTION DE SA TAILLE,
NI CETTE FINESSE DES DOIGTS QUE LA LUMIÈRE
TRAVERSAIT. IL CONSIDÉRAIT SON PANIER
À OUVRAGE AVEC ÉBAHISSEMENT, COMME UNE CHOSE
EXTRAORDINAIRE. QUELS ÉTAIENT SON NOM, SA DEMEURE,
SA VIE, SON PASSÉ ? IL SOUHAITAIT CONNAÎTRE
LES MEUBLES DE SA CHAMBRE,
TOUTES LES ROBES QU'ELLE AVAIT PORTÉES,
LES GENS QU'ELLE FRÉQUENTAIT ;
ET LE DÉSIR DE LA POSSESSION PHYSIQUE MÊME
DISPARAISSAIT SOUS UNE ENVIE PLUS PROFONDE,
DANS UNE CURIOSITÉ DOULOUREUSE
QUI N'AVAIT PAS DE LIMITES. »

Gustave Flaubert,
L'Éducation sentimentale

20. SAUVER LA POÉSIE

Ou comment poser un nouveau regard sur notre relation grâce à l'art

« L'intimité de la vie avec des êtres de son choix
est ce qu'il y a sur la terre de plus doux
et de plus parfait,
de plus semblable à la vie du ciel. »

Henri Lacordaire

Ce qui manque souvent à l'amour, et même à la vie tout court, c'est la poésie. Ça vous semble naïf, trop romantique ? Et pourtant, le beau et l'artistique ont souvent sorti l'humanité de sombres périodes, et de nombreuses destinées humaines du péril.

Au fil des années, j'ai aiguisé mon regard sur la poésie, je l'ai forcé à être plus attentif aux jolies facettes, plutôt qu'aux défauts. J'ai éduqué ma perception pour savoir reconnaître la tendresse d'un détail et la délicatesse d'un moment. Je me suis créé une réalité séduisante, qu'on a envie de regarder, et non pas d'accabler dès la moindre imperfection. Et cela a également transformé le regard que je portais sur les autres. Je cherche maintenant souvent à distinguer le beau chez les êtres, un peu comme on chercherait à trier le bon grain de l'ivraie.

Ce chapitre est une ode à la tendresse, un rappel élémentaire à notre besoin vital d'enchantement et de poésie. Notre part créative ne peut d'ailleurs s'exercer à loisir que si nous lui donnons des contextes inspirants et des visions positives.

Transcender l'acte sexuel

Dans le livre de John Gray, *Les hommes viennent de Mars, les femmes viennent de Vénus*, l'auteur démontre avec beaucoup d'exemples concrets que les deux sexes ne viennent pas de la même planète, et n'ont donc pas les mêmes réflexes et fonctionnements.

Par exemple, les femmes ont un besoin intrinsèque de tendresse, d'écoute et de romantisme alors que les hommes seraient plus directs et simplistes dans leurs besoins, notamment physiques. Cela paraît légèrement cliché, non ? Je suis une femme, je parle donc en connaissance de cause, et en effet, j'ai besoin d'une tendresse infinie pour me sentir désirée et aimée dans le couple. Je ressens que l'homme (pardon pour la généralité) est souvent moins à l'écoute que la femme pour percevoir les subtilités et les nuances qui s'expriment dans le lien.

Le fait d'en prendre conscience change déjà considérablement la donne, car nous arrêtons de chercher des signes d'appartenance au même monde, et devenons plus observateurs de nos différences, et donc plus compréhensifs.

Encore une fois, dans l'amour, nous prenons pour nous et à notre compte ce qui ne nous appartient pas. Les hommes et les femmes ne sont pas codés pareil, même s'ils peuvent avoir des aspirations profondes en commun, pour le présent et le futur.

Je pense en écrivant ces lignes à un TEDx Talk de Jean-Philippe Ruette sur le thème « Pourquoi faire l'amour ? »[1] qui m'a beaucoup éclairée sur les différences de rapports au désir, entre hommes et femmes.

1. Ruette Jean-Philippe, conférence TEDx Talk « Pourquoi faire l'amour ? », Narbonne, publiée le 6 février 2020.

Ce conférencier explique que pendant plusieurs années, sa femme a refusé de faire l'amour avec lui car elle ne le considérait plus comme un « bon amant », tout simplement parce qu'il ne prenait pas le temps de se mettre en lien intime avec elle avant l'acte. À tous les hommes qui liront ces lignes, les femmes ne sont pas seulement « chiantes » ou « mal lunées » lorsqu'elles refusent l'acte sexuel, elles n'ont peut-être simplement pas eu assez de préliminaires, et quand j'emploie ce mot, ce n'est pas seulement pour parler de ce qui se joue sous la couette.

J'ai souvent remarqué ma plus grande disposition à faire l'amour après une conversation passionnée et passionnante avec mon partenaire, ou encore après une journée à deux, faite de rires et de complicité. Vous me direz peut-être : quel rapport avec la qualité de la sexualité ? Eh bien tout, justement !

Les femmes ont besoin de lien, elles aiment faire monter le désir et ne pas forcément le consommer tout de suite, elles apprécient fortement lorsque la personne qu'elles aiment les questionne et s'intéresse à leurs émotions. D'ailleurs, plus un couple s'inscrit dans la durée, et plus ces préliminaires amoureux auront de l'importance, même si cela semble paradoxal. On peut penser qu'après des années de mariage ou de vie à deux, on n'a pas besoin de « s'embarrasser » avec toute cette danse nuptiale, mais c'est le contraire… Avec les années, le désir d'un couple s'érode car il a l'impression de « se connaître par cœur » et ne joue plus

Plus un couple s'inscrit dans la durée, et plus ces préliminaires amoureux auront de l'importance.

le jeu de la séduction si nécessaire à l'amour, et surtout au désir. On finit alors par s'aimer platoniquement, et de nombreuses frustrations naissent parce qu'on a la sensation d'avoir perdu la flamme.

Pour vous messieurs, invitez votre compagne dans un restaurant qu'elle aime, prenez le temps de vous faire beau pour elle, et réinventez à cette occasion un premier rendez-vous, avec l'enthousiasme d'avoir tout à découvrir d'elle. Je suis persuadée que vous serez surpris du résultat.

C'est en tout cas la conclusion de Jean-Philippe Ruette dans sa conférence TEDx : il a retrouvé une complicité naturelle et spontanée avec sa compagne, en prenant simplement le temps d'être plus à son écoute dans le quotidien et d'échanger régulièrement avec elle sur ce qu'ils ressentent et traversent, dans leurs individualités respectives.

Le piège de la familiarité

Nous ne tombons pas seulement dans une routine de l'autre et du quotidien, nous provoquons également l'écueil de considérer l'autre comme totalement connu. Et qui a envie d'aller explorer une terre dont il a l'impression d'avoir fait le tour cinq cents fois ?

Philippe Brenot évoque dans ses travaux de recherche l'idée passionnante du *piège de la familiarité*, qui conduit fatalement à une impasse. Il explique en effet que l'inceste est fortement condamné dans toutes les sociétés humaines et animales (pour la plupart), et que, lorsque dans le couple, nous avons l'impression d'être davantage frère/sœur ou mère/enfant, la sexualité deviendra naturellement impossible puisque tout rapport sensuel est banni dans ces rôles-là.

J'ai observé beaucoup de femmes devenir avec les années comme des mamans pour leur compagnon. Avec l'arrivée des enfants, cela peut devenir encore plus probable, puisque la maman finit par gérer le foyer, incluant la « gestion » de l'homme qu'elle aime. « J'ai l'impression d'avoir un enfant de plus à la maison » est une phrase que l'on peut entendre dans la bouche de beaucoup de femmes mariées.

Je connais également des couples qui ont toujours partagé une grande amitié, proche d'une fraternité, et même si on nous assène l'idée qu'une histoire d'amour doit prendre des allures d'amitié éternelle, il est cependant important de veiller à conserver la nature romantique du lien, sous peine de voir le désir décliner puis s'éteindre.

Car je ne sais pas pour vous, mais pour moi, ce qui différencie mes amitiés de mes amours, c'est justement la nature érotique, sensuelle et sexuelle du lien que je tisse sur le plan amoureux et jamais amical. Excepté quelques amitiés amoureuses que j'ai pu connaître, j'essaie rapidement d'instaurer une clarté dans la nature du lien que je souhaite tisser avec l'autre, m'évitant des ambiguïtés futures à gérer, et m'assurant une plus grande pérennité de la relation.

Chercher l'inspiration

Quelques solutions m'apparaissent pour tenter de conserver dans l'amour un désir neuf et intact.

La première est de ne pas vous percevoir vous-même comme figé. Vous êtes à chaque instant dans un courant d'évolution, qui vous invite tout au long de votre vie à vous inventer et vous réinventer. J'ai la sensation que la première des routines – et je l'évoquais longuement dans mon premier livre – est celle que nous vivons et entretenons souvent avec nous-même. Le jour où vous faites vivre en vous une dynamique d'aventure et d'exploration sans limite, vous offrez de nouvelles facettes à explorer à votre couple, et la possibilité à l'autre de se sentir toujours en conquête.

Ma deuxième solution serait de réinvestir chacun son véritable rôle au sein de la relation. Vous n'êtes pas la mère/le père de votre compagnon et vous n'avez pas le devoir de lui dire tout ce qu'il doit faire. A contrario, il en va de la responsabilité de chacun de ne pas se laisser infantiliser (même quand ça nous arrange), sous peine d'assommer la romance.

La poésie est l'art de savoir quotidiennement enrichir le lien.

La poésie est l'art de savoir quotidiennement enrichir le lien, en y enlevant ce qui freine l'amour. Certes, il est vrai qu'on ne s'aime pas de la même manière toute une vie, mais il faut apprendre que l'amour dans le couple est un espace que l'on peut reconstruire à l'infini, en réinventant la sphère qui le compose.

« LES AMOUREUX ET LES FOUS
ONT DES CERVEAUX BOUILLANTS,
ET L'IMAGINATION SI FERTILE QU'ILS PERÇOIVENT
CE QUE LA FROIDE RAISON NE POURRA JAMAIS
COMPRENDRE. LE FOU, L'AMOUREUX ET LE POÈTE
SONT TOUS FAITS D'IMAGINATION. L'UN VOIT PLUS
DE DÉMONS QUE LE VASTE ENFER N'EN PEUT CONTENIR,
C'EST LE FOU ; L'AMOUREUX, TOUT AUSSI FRÉNÉTIQUE,
VOIT LA BEAUTÉ D'HÉLÈNE SUR UN FRONT ÉGYPTIEN ;
(...) TELS SONT LES CAPRICES D'UNE IMAGINATION FORTE,
POUR PEU QU'ELLE CONÇOIVE UNE JOIE,
ELLE SUPPOSE UN MESSAGER QUI L'APPORTE. »

Shakespeare,
Le Songe d'une nuit d'été

21. PAROLES, PAROLES, PAROLES[1]

Ou comment développer toutes les dimensions de la communication

« Le plaisir des disputes, c'est de faire la paix. »

Alfred de Musset

1. Chanson interprétée par Dalida et Alain Delon sortie en France en 1973 (reprise d'une chanson italienne).

La communication est certainement le liant d'une recette amoureuse qui fonctionne. Lorsqu'on évoque le terme de communication, ce n'est pas simplement pour évoquer l'échange verbal, car il existe plusieurs formes de communication nécessaire à la bonne santé du couple.

L'échange émotionnel

Comme nous l'évoquions dans les chapitres précédents, l'homme et la femme ne fonctionnent pas sur les mêmes modes, mais cela ne doit pas rester une fatalité. Plusieurs décodeurs existent, et notamment celui d'être capable de parler sainement à l'autre de ce que nous ressentons.

Dans le couple, nous attendons souvent la dernière goutte qui fait déborder le vase pour exploser et tout mettre sur le tapis. Sauf que la plupart du temps, la forme employée n'est pas adaptée et entraîne que l'autre se braque plutôt qu'il s'ouvre. Nous obtenons donc l'inverse de l'effet escompté et une mésentente peut perdurer jusqu'à mener le couple à la séparation. Le fait est que l'amour meurt lorsqu'il ne circule plus, et que son mouvement naturel est obstrué par toutes les rancœurs du quotidien.

Évidemment, le thérapeute de couple peut être une option aidante dans les cas chroniques d'incompréhension, mais il faut déjà convaincre les deux partenaires du bien-fondé de la thérapie et être solidement engagé dans le processus. La plupart du temps, les femmes se résignent à se confier à leurs amies plutôt qu'à leur partenaire, et les hommes se murent dans un silence par incapacité à observer avec recul ce qui se joue en eux.

Au-delà des clichés sur le genre, à savoir que les femmes sont très bavardes et se racontent tout entre elles, alors que les hommes très pudiques ne se confient pas sur les choses « essentielles » (selon elles), je pense que les hommes et les femmes peuvent apprendre à trouver dans leur couple un espace d'expression et d'échanges complices, qui leur convient et n'appartient qu'à eux. Parce qu'honnêtement, à quoi servent les copines, si elles ne sont pas justement là pour assouvir notre envie de papoter des heures, de tout et de rien ?

Les hommes et les femmes peuvent apprendre à trouver dans leur couple un espace d'expression et d'échanges complices.

Je crois qu'il est important pour les femmes de faire le deuil de trouver en l'homme qu'elles aiment une pâle copie de leur « meilleure amie ». Nous pouvons réaliser justement la richesse et l'importance de tous nos liens sociaux, amoureux et amicaux, et avoir encore davantage l'élan de tous les nourrir. On dit qu'« il ne faut pas mettre tous ses œufs dans le même panier », et je crois que c'est assez vrai en amour. Seulement, je ne garderai pas l'aspect méfiant de cet adage, mais plutôt le précieux conseil de ne pas miser son bonheur sur un seul et même jeton.

Les « petites » attentions

Il est intéressant de voir comme la langue française n'a pas accordé une place de choix à la qualité d'être une personne attentionnée. Elle parle de « petites » attentions… alors que ce sont les petits ruisseaux qui font de grandes rivières, non ?

Le fait de porter de l'attention à l'autre est un acte fondateur du couple. Par notre regard, nous reconnaissons notre partenaire en tant que tel et nous devenons un témoin important de son existence. Notre devoir est alors de rendre cette existence encore plus belle.

Le fait de porter de l'attention à l'autre est un acte fondateur du couple.

Vivre auprès d'une personne attentive à vos habitudes, vos goûts et vos envies donne la sensation d'être précieux. Dans les restaurants et les hôtels de luxe, des personnes sont rémunérées simplement pour être extrêmement attentives à vos besoins. Si vous en avez fait l'expérience, vous avez dû remarquer à quel point c'est agréable et comme cela entraîne de se sentir unique. Cette expérience, vous pouvez vous l'offrir mutuellement dans le couple, en faisant sentir à l'autre qu'il est unique par vos attentions.

Je me souviens l'été dernier, j'étais avec mon ami d'enfance Rudy et nous avons parlé de l'importance d'offrir des fleurs à une femme. Vous me direz, l'importance est toujours relative, mais j'ai partagé la joie que je ressentais lorsqu'à un premier rendez-vous (et même après dans la relation), un homme m'offrait des fleurs. Je sais qu'il a maintenant pris l'habitude d'offrir des fleurs aux femmes qu'il fréquente, parce que ce n'est pas juste « futile » : c'est une manière d'exprimer à l'autre que nous avons envie de le faire se sentir unique et aimé. Peu importe la forme que l'attention épouse, c'est effectivement le geste qui compte, dans l'intention d'amour qu'il exprime.

On peut être attentionné de mille et une manières, et le plus important est d'offrir une connexion de qualité, à travers des actions bienveillantes qui font plaisir, et font croître l'amour. « Je suis là pour toi » prend alors la forme de délicates attentions qui donneront au couple des allures de palace où prendre du bon temps.

La sensualité

En permettant les deux formes d'expression évoquées plus haut, le couple sera naturellement plus ouvert à une communication sensuelle. Encore faut-il que l'écoute mutuelle et les attentions à l'autre suivent les deux partenaires jusqu'à leur lit.

Être un(e) bon(ne) amant(e) n'est évidemment pas une question de performance. Vous seriez assez souple pour reproduire tout le Kama-sutra, que cela ne suffirait pas ! L'intérêt même de la sexualité est sans doute d'offrir du plaisir à l'autre, de partager un moment de complicité et d'intimité, et pas juste de prendre son orgasme. Aujourd'hui, nous ne faisons plus l'amour uniquement pour procréer ou pour honorer le devoir conjugal, nous le faisons pour prendre du plaisir et se sentir communier.

Imaginez danser à deux sans être attentif à l'autre, à ses pas et à son souffle : ça ne pourra jamais coller et devenir harmonieux. Et même si les deux danseurs sont doués chacun de leur côté, ensemble, ils peuvent ne pas réussir à collaborer pour un résultat à la hauteur. Dans la sexualité comme dans beaucoup de formes d'échanges, nous feignons de trouver ça satisfaisant, et n'osons pas nous dire à l'autre par peur de le vexer. Ainsi, nous préférons tuer la sexualité du couple à petit feu, plutôt que de s'offrir des axes d'amélioration, ou du moins, en chercher ensemble. C'est quand même malheureux de laisser son partenaire dans l'incompréhension alors qu'il pense avoir bien fait et n'a pas les éléments pour se remettre en question. Beaucoup de personnes finissent ainsi par se dire que la sexualité, « ce n'est pas leur truc »… Quel dommage !

Nos corps parlent à longueur de temps, et ce langage non verbal en dit long sur ce que nos mots, souvent, n'arrivent pas ou ont peur de nommer. Ainsi, on peut facilement repérer à la gestuelle de quelqu'un si cette personne est confiante ou mal à l'aise, stressée ou embarrassée. La communication non verbale est omniprésente, et seuls nos inconscients impriment des sensations que nous avons souvent du mal à retranscrire ; un peu comme lorsqu'on a un mauvais pressentiment face à quelqu'un, ce n'est peut-être pas que cette personne est mauvaise dans l'absolu, mais cela traduit une information que nous nous devons de prendre en compte.

Dans l'intimité, le corps de l'autre vous parle en permanence. Dans le consentement à se laisser approcher et toucher, certaines zones et d'autres pas, le corps a des envies fluctuantes qu'il manifeste à chaque instant, à l'autre. Si vous apprenez à écouter sans empressement, sans brusquer l'autre de vos désirs ardents, et sans chercher à obtenir ce que vous voulez, vous tisserez une relation de confiance avec le corps de votre partenaire. Et la bonne nouvelle, c'est que le corps a une mémoire spectaculaire et intacte, il se souvient même de choses qu'il a vécues vingt ans auparavant comme si c'était hier. Il se souviendra donc forcément de vous si vous lui avez fait du bien !

Au cours de mes expérimentations sensuelles, j'ai rencontré tantôt des partenaires fougueux, tantôt doux, parfois les deux à des instants différents, mais peu ont vraiment su instaurer un lien de confiance avec mon corps. J'ai parfois ressenti ce que pouvait provoquer le fait de ne pas être en phase dans la sexualité, mais j'ai appris à me dire aux hommes et à leur faire comprendre explicitement comment mon corps réagissait, et ce qu'il était hors de question de lui imposer. Alors, même si je l'ai parfois trahi dans la sexualité, en le forçant certaines fois, à ressentir ce qu'il ne demandait pas, j'ai appris avec les années à mieux le ressentir moi-même, ce qui me semble une première étape obligatoire.

Mes bons amants n'étaient pas les plus expérimentés mais étaient surtout les plus attentifs, capables de tisser avec ma peau, d'une caresse à une étreinte, un lien profond, intime et apaisé.

« LE LANGAGE EST UNE PEAU :
JE FROTTE MON LANGAGE CONTRE L'AUTRE.
C'EST COMME SI J'AVAIS DES MOTS EN GUISE
DE DOIGTS, OU DES DOIGTS AU BOUT DE MES MOTS.
MON LANGAGE TREMBLE DE DÉSIR.
L'ÉMOI VIENT D'UN DOUBLE CONTACT :
D'UNE PART, TOUTE UNE ACTIVITÉ DE DISCOURS
VIENT RELEVER DISCRÈTEMENT, INDIRECTEMENT,
UN SIGNIFIÉ UNIQUE, QUI EST JE TE DÉSIRE, ET LE LIBÈRE,
L'ALIMENTE, LE RAMIFIE, LE FAIT EXPLOSER
(LE LANGAGE JOUIT DE SE TOUCHER LUI-MÊME) ;
D'AUTRE PART, J'ENROULE L'AUTRE DANS MES MOTS,
JE LE CARESSE, JE LE FRÔLE, J'ENTRETIENS CE FRÔLAGE,
JE ME DÉPENSE À FAIRE DURER LE COMMENTAIRE
AUQUEL JE SOUMETS LA RELATION. »

Roland Barthes,
Fragments d'un discours amoureux

22. S'ADMIRER POUR MIEUX RÉGNER

Ou comment distinguer ce qui appartient à chacun

« Il y a dans l'admiration
je ne sais quoi de fortifiant
qui dignifie et grandit l'intelligence. »

Victor Hugo

Sur le terrain amoureux, nous choisissons l'autre pour les nombreuses qualités qu'il porte en lui et qu'il mettra au service du couple et du lien. Lorsqu'on évoque le terme d'admiration, on ne parle évidemment pas d'aveuglement et de fantasmes projetés, mais d'une lucidité du beau et du brillant en l'autre.

Un jeu de miroirs

Arrêtons-nous quelques instants sur l'attente de perfection qui peut freiner le processus d'admiration pour l'autre. Si vous placez votre partenaire sur un piédestal, le danger est qu'à un moment donné, il vous déçoive car il ne sera plus à la hauteur du statut que vous avez érigé pour lui.

Je dis souvent en conférence, lorsque je parle du rapport que nous entretenons avec les autres, que si une personne extérieure à notre vie nous adule ou nous déteste, dans les deux cas, cela ne parle que de ses propres projections, car elle ne nous connaît pas vraiment.

Dans mes premières expériences amoureuses, j'attachais une importance à ce que l'autre soit beau, physiquement. Je ne me trouvais pas jolie à l'époque, et le fait d'être aux côtés d'un homme beau extérieurement me faisait me sentir fière. Au bout de quelques années, j'ai réalisé que cette attente était totalement stérile. Alors certes, les femmes se retournaient dans la rue sur les hommes qui étaient à mon bras, la voisine de ma mère me répétait souvent que tous les hommes que je choisissais étaient vraiment séduisants et que j'avais du goût, mais à part en tirer un bénéfice sur le moment, cela m'a vite paru un critère superficiel.

En cheminant personnellement, et en approfondissant mon rapport à moi-même, je me suis mise à poser un regard différent sur la femme qui vivait en moi. J'ai alors commencé à la trouver belle sur des critères beaucoup plus profonds et globaux, au lieu de m'attacher uniquement à son aspect physique. C'est alors que mon rapport aux hommes a évolué, et que je me suis mise à croiser des hommes qui me plaisaient à tous les niveaux de leur être, et qui nourrissaient mon besoin de discussions profondes, d'échanges spirituels et de projets communs.

Vous voyez en l'autre ce que vous percevez de vous-même.

Vous voyez en l'autre ce que vous percevez de vous-même, et sur le terrain amoureux, il n'est pas étonnant de voir nos relations de couple s'approfondir, à l'instant même où l'on décide de ne plus se regarder avec une grille de lecture superficielle. Je vois aujourd'hui les êtres tels qu'ils sont et je tombe amoureuse, non plus d'un visage parfait, mais des multiples imperfections, fragilités et « défauts » qui fondent l'autre comme un être entier et vulnérable. On ne parle plus alors de projections stériles, mais d'une admiration sincère pour cet être qui partage notre quotidien, et dont nous chérissons les cicatrices et les irrégularités, car elles sont les signes d'une humanité assumée.

L'amour n'est pas aveugle, et je crois même que, lorsqu'il est honnête et conscient, il nous redonne la vue. « On ne voit bien qu'avec le cœur, l'essentiel est invisible pour les yeux », nous dit le Petit Prince de Saint-Exupéry. Le cœur sait voir au-delà des peurs, des a priori et des préjugés. Dans l'amour, on regarde souvent l'autre à travers soi, et en faisant cela, on le limite et on se limite par la même occasion. J'ai par exemple souvent attendu des hommes de ma vie qu'ils soient littéraires et qu'ils m'écrivent des mots d'amour dignes des plus grands auteurs. Lorsque j'ai compris que cette facette, je la portais en moi, et que je pouvais répondre à mon besoin de poésie par mes propres écrits, j'ai arrêté d'être frustrée de ne pas trouver ça dans le couple. Aujourd'hui, en acceptant l'autre pour ce qu'il est, je ne me sens plus lésée de ne pas trouver en lui ce que j'attends, et ce qui me compose.

Le mental nous fait cocher un tas de critères dans la rencontre amoureuse, mais le cœur, si nous lui offrions sa vraie place de décisionnaire, ne choisirait pas l'autre sur des attentes intellectualisées et souvent superficielles, mais sur le ressenti d'une fluidité et d'une connexion évidentes.

Discerner son reflet

Après un chemin d'enquête sur soi et de remise en question, on ne rencontre plus l'autre aveuglement, car nous avons appris qu'il est avant tout un miroir de ce qu'on a besoin d'éclairer en soi, de nos loyautés inconscientes à nos résistances les plus tenaces à aimer pleinement, sans carapace. L'autre est alors un prétexte qui nous force à sortir de notre chrysalide, avec plus ou moins de douceur.

Le discernement est un ingrédient clef de l'amour. Savoir faire le tri de ce qui nous appartient dans toutes les disputes du quotidien est nécessaire. Comme nous le disions précédemment, il faut donner un sens profond à nos « conflits poubelles » mais également rendre à l'autre la part de ce qu'il nous adresse et qui ne nous appartient pas. Jacques Salomé propose d'écrire sur un papier les remarques blessantes ou limitantes que nous avons essuyées, et de les rendre à leur destinataire de manière symbolique (en les déchirant ou en les brûlant). Je ne crois pas que toutes les remarques soient bonnes à prendre, et je pense que nous avons clairement le discernement pour faire le tri entre celles qui ne sont fondées que sur le besoin de piquer, et celles dont on doit absolument prendre acte. Et apprendre à faire la différence est fondamentale pour mieux accepter, et pardonner. Il y a d'abord la forme qui rentre en ligne de compte, et vous êtes en droit de refuser la violence et l'agressivité avec lesquels on vous adresse des reproches ; et sur le fond, c'est en apprenant à vous connaître, ainsi qu'à connaître l'autre, que vous apprendrez au fur et à mesure à déterminer ce qui appartient à chacun.

Savoir faire le tri de ce qui nous appartient dans toutes les disputes du quotidien est nécessaire.

Un couple est toujours imparfait car il se cherche en permanence, mais il devra adopter ses propres stratégies afin de résoudre plus rapidement les conflits, d'éclaircir plus efficacement les incompréhensions, et de faire taire le malentendu avant qu'il ne prenne plus d'ampleur. En bannissant les projections, les attentes et les besoins de voir l'autre incarner ce qui nous rassure, nous accédons à une plus grande qualité relationnelle basée sur l'ajustement et l'intelligence du lien.

Nous ne savons pas quelle sera la durée des couples que nous formons, et le plus important n'est pas de s'accrocher bêtement à l'idée de finir sa vie ensemble, mais de soigner le moment présent, en lui offrant une qualité et une intensité, dont il a tant besoin pour être précieux.

La réciprocité

La langue française définit l'orgueil comme un « sentiment exagéré de sa propre valeur, estime excessive de soi-même, qui porte à se mettre au-dessus des autres ». En général, orgueil et amour ne font pas bon ménage, car une personne qui en est dotée aura du mal à se remettre en question, par crainte de voir sa carapace identitaire se fissurer.

L'amour nous remet sans cesse en question, pour nous permettre d'ôter couche après couche nos oppositions inconscientes à l'amour, plein et véritable. L'amour n'est pas un affrontement entre deux tranchées, avec des périodes de guerres froides et quelques trêves. L'amour n'est pas non plus une bataille d'ego, visant à désigner le meilleur. L'amour n'a définitivement rien à voir avec le pouvoir, l'envie de posséder et de dominer. Le chantage affectif n'est pas l'amour, la jalousie non plus… L'amour se nourrit de lâcher-prise et de détente, de confiance et d'exploration, d'empathie et de responsabilité ; et c'est grâce à toutes ces composantes qu'il nous libère de nos chaînes, en nous poussant à ne plus chercher à prouver quoi que ce soit, mais à simplement être. Être bien, comblé, à sa place et vibrant.

En commençant à regarder l'autre avec bonté et bienveillance, vous saurez que c'est exactement ce regard que vous posez sur vous-même. N'oubliez jamais qu'on regarde l'autre à travers ce que l'on est, et que nous le créons à chaque instant, de l'endroit dont nous partons.

La conscience de nos schémas et la connaissance de soi ne sont pas justes des lubies d'intello qui aiment se coucher sur le divan de leur psychanalyste, c'est un réflexe de résistance à ne pas laisser nos ombres ternir ce qu'on pourrait percevoir comme précieux et lumineux. L'admiration ne découlera alors que de cette dynamique commune à s'observer avec fierté, réaliser les projets qui nous tiennent à cœur, douter parfois et se lancer quand même. C'est si beau d'être le témoin d'une existence qui s'affirme, se réinvente et s'autorise à aller, non sans courage, vers sa destinée la plus lumineuse. Offrir cette dynamique à son couple, c'est s'offrir à soi une part d'absolu, sans compromis et pleine du désir de cheminer main dans la main, sans qu'aucun des deux ne cherche à empiéter sur ce qui constituera l'épanouissement de l'autre.

« NOUS AIMONS SI PEU OU SI MAL,
AVEC UNE MOITIÉ OU UN QUART DE NOUS-MÊMES
ET NOUS AIMONS CHEZ L'AUTRE QUELQUES MORCEAUX
CHOISIS, LES PLUS CONNUS,
CEUX QUI FONT LE MOINS PEUR.
C'EST SI RARE D'AIMER QUELQU'UN ENTIÈREMENT,
CE QUI NOUS PLAÎT ET CE QUI NE NOUS PLAÎT PAS,
C'EST SI RARE D'ÊTRE AIMÉ ENTIÈREMENT
AVEC NOS CREUX D'OMBRE, NOS TORSES DE LUMIÈRE.
(...) L'AMOUR, C'EST NE PLUS AVOIR BESOIN
DE SE CACHER, DE DÉROBER À L'AUTRE
SON PLUS MAUVAIS PROFIL, POUVOIR ENFIN
SE MONTRER NUE À QUELQU'UN QUI N'EN PROFITERA PAS
POUR AFFIRMER SA PUISSANCE. »

Jean-Yves Leloup,
Une femme innombrable :
Le roman de Marie Madeleine

23. AMANTS POUR LA VIE

Ou comment la confiance en l'amour permet de surmonter les difficultés

« Sans imagination,
l'amour n'a aucune chance. »

Romain Gary

La légende dit que là d'où nous venons, avant de nous incarner sur Terre, nous étions tous reliés par l'amour, car nous formions un grand tout, et pas des milliards d'individualités. Ma légende personnelle m'a un jour confié que j'étais venue sur Terre pour diffuser la bonne parole amoureuse et rappeler aux gens, autant de fois que je le pourrai dans cette vie, que l'essentiel est d'apprendre à ouvrir son cœur et à aimer. Alors je m'attelle à aimer même quand je déteste, je m'éduque à ne plus morceler l'autre mais à le voir dans tout ce qui le compose, et à faire le maximum d'actions par jour avec une intention d'amour. Il y a quelques ratés évidemment, je suis humaine, mais il y a aussi de belles réussites.

Aimer l'amour

Depuis que j'apprends à aimer l'amour pour ce qu'il est (sans choisir ce qui m'arrange et rejeter le reste), il m'aime en retour, avec beaucoup plus de justesse et de profondeur, me permettant aujourd'hui de former un couple avec un homme qui ne pourrait pas être plus « parfait » et sur mesure pour moi. En cet instant.

Si certains attendent d'être intoxiqués par l'amour, pour ma part, il a été un sevrage au superficiel, au médiocre et au négatif. « La bave du crapaud n'atteint pas la blanche colombe », disait ma grand-mère, et je crois qu'un cœur aimant ne peut qu'attirer le meilleur, sans s'attacher à l'existence du pire.

L'amour est un objet de la littérature, nous dit Philippe Brenot. Si vous voulez comprendre l'amour, lisez des romans (voir mes idées dans la bibliographie à la fin de cet ouvrage). Je crois que la littérature est l'art de rendre les mots tendres et subtils, de savoir dépeindre un simple objet, ou une situation banale, en les rendant poétiques et uniques. Et c'est exactement l'effet qu'a l'amour dans nos vies.

L'amour profond qui s'instaure au cours des années et des expériences communes est beaucoup plus intéressant que cette sensation éphémère du cœur qui bat et des mains qui tremblent.

Lorsqu'on aime, on s'accorde tous pour dire que c'est un des meilleurs états sur Terre, et ce sentiment amoureux que nous avons abordé en début d'ouvrage est un état passager. Beaucoup le théorisent comme une phase de « lune de miel » qui laisse ensuite place au quotidien. Je vais aller à contre-courant de cette suprématie de l'état amoureux, car je trouve que l'amour profond qui s'instaure au cours des années et des expériences communes est beaucoup plus intéressant que cette sensation éphémère du cœur qui bat et des mains qui tremblent.

Aimer son couple

En ce qui concerne le sauvetage du désir, puisqu'évidemment, avec les années, l'autre nous apparaît soudain comme trop familier pour être excitant, je vous inviterai à vous délester quelques instants des habitudes pesantes et des contextes connus, pour redécouvrir l'autre et le couple sous de nouveaux angles. Imaginez-vous prendre régulièrement date avec votre partenaire de vie pour un rendez-vous sensuel. Imaginez entretenir la flamme du désir comme on entretient son intérieur, c'est-à-dire le plus souvent possible. On place souvent le sacro-saint désir à l'extérieur de nous, sans comprendre que c'est en lui donnant rendez-vous qu'il réapparaît, en lui offrant du temps et de l'espace pour se manifester. Il est grand temps de faire taire la croyance que le désir s'éteint avec les années, car je pense au contraire qu'il peut croître avec quelques éléments simples tels que la disponibilité, l'imagination et la communication. C'est d'ailleurs assez logique de penser que plus votre amant vous connaît, plus il sait vous faire plaisir et part donc avec d'excellentes bases en la matière.

Et si on ne se projetait plus « pour le meilleur et pour le pire jusqu'à ce que la mort nous sépare » mais plutôt « amants et amoureux pour la durée qui sera la nôtre » ? Oui, je sais, ça sonne moins romantique tout à coup, mais c'est tellement décomplexant ! Nous n'échouons pas en ne réussissant pas à faire tenir un mariage jusqu'à la mort, ou un couple plus d'une dizaine d'années, l'époque est ainsi faite et je crois que nous pouvons accepter cette (r)évolution de nos attentes maritales. Je connais même des personnes de ma génération que ça ne fait pas rêver une seconde, de vivre cinquante ans avec la même personne.

Je vais vous confier ce que je ressens : j'aspire à vivre l'amour comme le plus grand et le plus beau des voyages, et les couples que j'aurai formés tout au long de ma vie seront comme des escales qui m'auront composée et façonnée telle que je suis. J'aime la vie quotidienne auprès de l'homme que j'aime, retrouver son visage au réveil et ses bras le soir pour m'endormir ; mais j'aime éperdument vivre aussi, mes propres routines solitaires, grignoter parfois tard dans mon lit en regardant des films, et dormir seule sous une immense couette.

Je fais partie de ces humains qui ne souhaitent pas sacrifier le fait d'être libre, même en vivant en couple, et peu importe la forme que cela prendra concrètement, je crois que l'on peut inventer un couple sur mesure qui sera adapté à ce qui nous convient vraiment.

Je vous souhaite de vivre des histoires d'amour qui ne vous coupent pas le souffle mais vous le redonnent, et qui deviennent des terrains de créativité, de complicité et de tendresse infinie avec l'autre. L'amour a cela d'exquis qu'il nous connecte à l'instant présent, tout en nous donnant la sensation de retrouver l'éternité.

L'amour a cela d'exquis qu'il nous connecte à l'instant présent, tout en nous donnant la sensation de retrouver l'éternité.

À vos « ils furent heureux et furent de bons amants », que l'amour le plus entier et absolu se déverse dans vos vies, sans aucune limite ni frontière pour le retenir.

« TU AS RAISON, LES MOTS ME MANQUENT,
LE CŒUR EST PLEIN, LA PAROLE EST VIDE,
COMMENT DIRE QU'ON AIME ?
COMMENT EXPRIMER L'AMOUR ?
COMMENT L'EXPRIMER À UNE FEMME COMME TOI ?
PAR QUELLES PAROLES RENDRE CE MÉLANGE
DE TENDRESSE, DE RESPECT, D'ESTIME, D'ADMIRATION,
DE DÉVOUEMENT ET D'ADORATION QU'UNE ÂME
COMME LA TIENNE FAIT NAÎTRE DANS UN CŒUR
COMME LE MIEN ? J'Y RENONCE. LA PAROLE HUMAINE
N'EST PAS FAITE POUR EXPRIMER L'INFINI,
ET JE ME CONTENTE DE TE DIRE JE T'AIME ! »

Lettre de Victor Hugo
à Léonie d'Aunet

POUR CONCLURE

Je m'apprête à présent à vous livrer les derniers mots de cette histoire afin de vous laisser à votre tour écrire la vôtre.

En septembre dernier, lorsque j'ai discuté avec mon éditrice Élodie au téléphone, nous avons commencé à évoquer ensemble l'idée de ce livre. À l'époque, j'étais depuis trois ans très amoureuse d'un homme, avec lequel nous avions déjà construit beaucoup de projets communs, mais nous étions alors en « pause » à ce moment-là. Séparés, pour ainsi dire. J'ai donc répondu à mon éditrice que ce n'était pas forcément le parfait moment pour moi d'écrire ce livre, et que je ne savais même pas si j'en avais vraiment envie, et si j'étais tout à fait légitime pour le faire.

Deux mois plus tard, je la rappelle avec l'idée du titre et l'élan de commencer, et de me jeter dans cette écriture à « cœur perdu », sans trop réfléchir. Elle me répond qu'elle valide le projet et me laisse un délai – avec mon accord évidemment – de trois mois pour l'écrire. C'est ainsi que je me suis plongée dans cette aventure littéraire avec délice et j'ai réalisé tout au long de l'écriture que ce livre, je l'avais déjà écrit depuis longtemps, en moi. C'est ainsi que pendant ce trimestre de rédaction intensive, j'ai laissé couler les mots avec fluidité et bonheur.

À mon grand étonnement, je n'ai senti aucun stress, ni aucune difficulté à vous livrer un ouvrage qui n'a pas seulement l'objectif de vous offrir des éclairages sur vos schémas d'amour, mais a surtout l'ambition de vous donner envie d'aimer, de la plus belle manière possible.

Mon histoire d'amour en suspens dont je vous parlais plus haut, et dont j'avais toujours ressenti l'énorme potentiel à nous rendre heureux, s'est reconstruite parallèlement, et a peut-être même été guidée par mes compréhensions nouvelles, sur un terrain plus intelligent, plus conscient et plus libre encore qu'il ne l'avait été par le passé.

Si vous doutez encore que la vie vous amènera exactement ce dont vous avez besoin en temps voulu, ne doutez plus ! Cette nouvelle expérience me prouve encore une fois à quel point on a raison de se lancer, de s'autoriser à se jeter dans le « vide », non sans peur mais avec un enthousiasme qui n'a pas froid aux yeux.

Faites confiance au « pourquoi », le « comment » vient ensuite naturellement.

Faites confiance au « pourquoi », le « comment » vient ensuite naturellement.

Il y a quelque chose de très ambitieux dans le fait d'écrire sur le couple et l'amour. Tant de chercheurs, philosophes, scientifiques, psychothérapeutes, et auteurs de tous bords, se sont déjà longuement penchés sur la question en écrivant sur le sujet, et je me refusais à écrire un énième livre, fait de lieux communs et d'idées préconçues sur l'amour.

Dans ce livre, j'ai tenté de vous emmener à mes côtés, en vous partageant comme à des amis quelques bribes de mon histoire, et de là où mes recherches, mes découvertes et surtout mes expériences m'ont menée. Je n'ai pas la prétention d'avoir écrit *le* livre sur le couple, mais d'avoir rassemblé ce que j'aurais moi-même aimé découvrir dans un ouvrage sur le sujet.

En substance, voici quelques éléments résumés de ce qui semble primordial de vous transmettre avant de nous quitter. Avant de mieux nous retrouver, ne vous inquiétez pas…

Dès les premières pages, nous avons réalisé que l'amour, biologiquement parlant, n'est ni inconditionnel, ni durable, ni omniprésent en nous, mais qu'il peut se réinventer à l'infini, encore faut-il trouver l'art, à l'intérieur du lien, qui permet de faire coexister sécurité et aventure.

Nous avons évoqué l'importance de s'intéresser à ses schémas d'attachement mais plus globalement à notre histoire de vie, à la relation que nos parents ont entretenue avec l'amour, l'argent et le désir, car c'est exactement le package avec lequel nous débarquons dans nos propres histoires de couple. Il faut s'en affranchir pour devenir pleinement libre de composer un couple sain, qui ne cherchera plus à combler un vide, mais à bâtir un empire d'amour et de projets communs.

Dans nos vies, lorsque nous sommes passionnés par nos propres projets et réalisations, nous n'attendons plus d'un couple qu'il vienne cocher toutes les cases. Nous attendons simplement qu'il devienne la cerise sur le gâteau d'un épanouissement déjà construit.

J'ai compris en écrivant ce livre que l'homme et la femme, même s'ils doivent obtenir les mêmes droits, ne sont pas semblables et doivent apprendre à créer des passerelles communes de compréhension et de communication. Cela m'a beaucoup aidé de réaliser par exemple que les femmes ont un langage symbolique et subtil alors que les hommes sont plus directs et moins métaphoriques.

Nous devons créer dans nos couples un espace sécurisé dans lequel on peut se dire sans crainte à l'autre, sans peur de représailles.

Nous devons aussi conserver à l'intérieur de nous le droit fondamental de ne pas être toujours transparent : nous gagnerons à savoir distinguer ce qui nous appartient en tant qu'individu et ce qui relève des enjeux du couple.

Il y a cinquante ans, nous mettions encore en commun nos biens matériels, nos secrets et nos histoires. Je crois qu'en 2020, l'enjeu sera de mettre en place une dynamique qui offre le choix, de ne pas considérer l'autre comme le prolongement de soi, mais comme un individu à part entière.

Le désir naît de l'absence, et d'une présence de qualité.

N'oubliez jamais de vivre *votre* propre vie à fond, et d'apprendre à vous détacher de l'autre à certains instants, pour prendre votre propre envol. Vous créerez ainsi un monde intérieur riche d'expériences, qui donnera envie à votre partenaire de contribuer à vos richesses.

Ne laissez pas les non-dits ternir la relation sur le long terme, car, même si vous pensez qu'en période d'accalmie, les choses vont mieux, soyez certain que de nombreux sujets non traités ressortiront à un moment ou à un autre. Il vaut donc mieux les poser sur la table dans des moments où l'on est bien à deux, afin d'éviter de futurs nombreux conflits.

Soyez vigilant à l'image que vous vous faites de l'autre et tentez de ne pas trop le considérer comme « connu » afin de lui offrir un espace pour se réinventer, et pour maintenir un désir commun, l'un pour l'autre, et pour le couple que vous formez.

Inventez à deux des scénarios exaltants, et provoquez des contextes encore inédits, pour vous donner la sensation de continuer à vous enrichir et à faire grandir le lien. Comme on dit, « il n'y a pas d'amour sans preuves d'amour », et c'est en effet dans les actions que vous mènerez que vous ferez de votre union un terrain de jeu permanent.

Apprenez à vous séparer, à prendre du recul et de la distance physique, pour mieux vous retrouver : que ce soit dans des arrangements de vie quotidiens (chacun sa chambre ou deux appartements séparés), ou encore en trouvant le moyen de garder des sorties et des voyages rien qu'à vous.

La grande croyance selon laquelle l'amour coule de source, et qu'une fois qu'on a coché les cases « mariage », « bébé » et « maison », le couple fonctionnera de lui-même, est totalement obsolète. Cela marchait encore pour nos parents ou grands-parents, mais à notre époque, je pense que l'amour demande plus d'investissement, et cela ne doit pas nous effrayer : au contraire, c'est beaucoup plus intéressant de jouer à « égalité des chances », qu'à « rôles déjà répartis ». Et cela maintient le suspense.

Si vous faites le choix de vous engager, comme dans un projet professionnel qui vous tient à cœur, attendez-vous à ce que cela vous demande de la responsabilité, de la disponibilité et de la présence.

Et surtout, prenez confiance en vous et en votre capacité à savoir créer votre couple, à le défaire et à le refaire. L'amour est comme n'importe laquelle des disciplines : elle demande dc l'expérience, de connaître quelques règles et de se créer sa propre grille de lecture, pour mieux comprendre tout ce qui se joue en nous et autour de nous.

Célibataires en couple est le livre qui, je l'espère, a réconcilié en vous les notions de liberté et d'engagement, pour bâtir des couples que je qualifierai de plus autonomes et responsables, car détenteurs de leurs propres règles du jeu et de leurs critères de réussite. Le couple n'est pas un fourre-tout dans lequel on vient planquer nos souffrances. Ce n'est pas non plus un subterfuge pour s'éviter soi-même. L'amour nous fait toucher au plus intime en l'autre, et à l'inexploré en soi.

REMERCIEMENTS

Ce livre, je le dédie à ma grand-mère Jacqueline, dont l'histoire d'amour avec mon grand-père Albert fut la pierre à l'édifice d'un patrimoine amoureux familial que je compte à mon tour nourrir de belles histoires.

Je remercie mon éditrice Élodie pour sa confiance et ses encouragements, dans ce deuxième projet d'ouvrage.

Merci à vous tous, qui n'avez cessé de me porter par vos émouvants retours depuis l'écriture du premier livre, et qui faites de moi aujourd'hui une auteure comblée, car au service de ce en quoi elle croit profondément.

Merci aux êtres avec lesquels j'ai formé des couples, souvent quelques heures, parfois quelques années. Vous m'avez inspirée dans la chair pour écrire chaque mot de cette histoire.

Merci à la vie, tout simplement, d'être une si grande inspiratrice et source d'une magie qui nous apprend à aimer davantage.

Merci à mon amoureux, et à tous les amours de ma vie, de mes parents à mes amis, vous êtes une source d'amour qui m'est tellement essentielle.

Merci à Nico d'avoir fait tourner la baraque en mon absence, et à Flo d'avoir inspiré les premiers mots.

Un dernier merci à la femme que je suis, d'oser, non pas sans trembler, mais avec une détermination sans faille, se créer cette vie d'amour sur mesure, à laquelle elle a toujours aspiré.

Les lieux qui m'ont inspirée pour l'écriture de ce livre

Ma maison en Ardèche, et particulièrement ce vieux fauteuil jaune que j'adore au coin du feu.

Mon appartement parisien, qui, grâce aux grèves de transports, est devenu un lieu idéal pour s'enfermer à double tour pendant de nombreux jours.

Ma baignoire dans laquelle j'ai cogité des heures sur mes idées.

Le Square Trousseau, de loin ma brasserie préférée pour écrire et flâner.

BIBLIOGRAPHIE

BRENOT Philippe, *Pourquoi c'est si compliqué l'amour ?*, Les Arènes, 2019.

BRUGÈRE Fabienne, *On ne naît pas femme, on le devient*, Stock, 2019.

BOWLBY John, *Attachement et perte*, PUF, 1969.

CYRULNIK Boris, *La nuit, j'écrirai des soleils*, Odile Jacob, 2019.

DUFOURMANTELLE Anne, *En cas d'amour*, Rivages Poche, 2009.

DUVOULDY Marine, conférence TEDx « L'amour dure 90 secondes », Annecy, publiée le 22 octobre 2018.

FREDRICKSON Barbara, *Ces micro-moments d'amour qui vont transformer votre vie*, Poche Marabout, 2013.

GILBERT Elizabeth, *Mange, prie, aime*, Penguin Books, 2010.

GRAY John, *Les hommes viennent de Mars, les femmes viennent de Vénus*, Michel Lafon, 1994.

MAZAURETTE Maïa, *Sortir du trou, lever la tête*, Anne Carrière, 2020.

MERET Anne-Claire, *Une vie de préliminaires*, auto-édité, 2019.

ORTIN Morgane, *Amours solitaires*, Albin Michel, 2018 et 2019.

PEREL Esther, *Je t'aime, je te trompe*, Robert Laffont, 2018.

PIQUET Pascale, *Gagnez au jeu des échecs amoureux*, Béliveau, 2017.

RUETTE Jean-Philippe, conférence TEDx Talk « Pourquoi faire l'amour ? », Narbonne, publiée le 6 février 2020.

RUIZ Don Miguel, *Les quatre accords toltèques*, Jouvence, 1997.

SINGER Christiane, *Une passion*, Albin Michel, 1992.

TANNEN Deborah, *Décidément, tu ne me comprends pas*, Pocket, 1993.

VINCENT Lucy, *Comment devient-on amoureux ?*, Odile Jacob, 2004.

Pour comprendre l'amour, lisez des romans. Des extraits d'œuvres classiques littéraires ont été saupoudrés dans ce livre comme une invitation à l'exploration des mots de nos grands auteurs, qui forment une source d'inspiration poétique et amoureuse, accessible à tous. Voici ceux cités dans le livre et que je vous conseille :

ARAGON Louis, *Les yeux d'Elsa*, Poésie/Gallimard, 1942.

BARTHES Roland, *Fragments d'un discours amoureux*, éditions du Seuil, 1977.

BOBIN Christian, *La lumière du monde*, Folio, 2001.

COHEN Albert, *Belle du seigneur*, Gallimard, 1968.

DURAS Marguerite, *Hiroshima mon amour*, Folio, 1960.

FLAUBERT Gustave, *L'Éducation sentimentale*, édition Charpentier, 1891.

GARY Romain, *La Promesse de l'aube*, Gallimard, 1960.

KUNDERA Milan, *Risibles amours*, Folio, 1969.

MOLIÈRE, *Le Tartuffe*, Folio Classique, 1669.

MUSSET Alfred de, *On ne badine pas avec l'amour*, Pocket, 1834.

NERUDA Pablo, *La Centaine d'amour*, Poésie/Gallimard, 1968.

NIN Anaïs et MILLER Henri, *Correspondance passionnée*, Stock, 1987.

D'ORMESSON Jean, *Qu'ai-je donc fait ?*, Robert Laffont, 2008.

SAINT-EXUPÉRY Antoine de, *Le Petit Prince*, Reynal et Hitchcock, 1943.

SALOMÉ Jacques, *Vivre avec les miens*, J'ai lu, 2003.

SHAKESPEARE William, *Le Songe d'une nuit d'été*, Folio, 1600.

SINGER Christiane, *Éloge du mariage, de l'engagement, et autres folies*, Albin Michel, 2000.

TESSON Sylvain, *S'abandonner à vivre*, Folio, 2014.

ZWEIG Stefan, *Lettre d'une inconnue*, Le livre de poche, 1922.

TABLE DES MATIÈRES

POUR ME RETROUVER

Instagram : @nathalie.lefevre

www.instagram.com/nathalie.lefevre/?hl=fr

Facebook : Nathalie Lefèvre – C'est décidé je m'épouse www.facebook.com/nathalie.rmd/

Je propose régulièrement des formations en ligne, des conférences et des séjours, sur les thèmes de l'amour de soi et de l'épanouissement personnel.

Mon site internet : www.cestdecidejemepouse.com

Retrouvez tous les épisodes du « Podcast Amoureux », mon émission radio diffusée tous les mardis et jeudis à 20 h sur www.radiomedecine-douce.com

Si vous souhaitez m'écrire suite à la lecture de ce livre, je serai ravie de vous lire sur nathalie@cestdecidejemepouse.com

PAPIER À BASE DE
FIBRES CERTIFIÉES

LAROUSSE s'engage pour l'environnement en réduisant l'empreinte carbone de ses livres. Celle de cet exemplaire est de :
400 g éq. CO_2
Rendez-vous sur www.larousse-durable.fr

Achevé d'imprimer en Espagne par Unigraf S.L.

Dépôt légal : octobre 2020

325710/01 – 11043627 – septembre 2020